# La Civilisation Française C 2

**Lehrerheft** von Dr. Winfried Croon

Hirschgraben-Verlag · Frankfurt am Main
ISBN 3-454- 6421 0-8

LA CIVILISATION FRANÇAISE

Ausgabe C — Lese- und Arbeitsbuch für die Sekundarstufe II

Gesamtübersicht

Teil I  — La France et les Français (Nr. 641)
        Lehrerheft (Nr. 6411)
Teil II — La Littérature française (Nr. 642)
        Lehrerheft (Nr. 6421)

1976
ISBN 3-454-64210-8
Das Urheberrechtsgesetz (URG) gestattet die Vervielfältigung oder Übertragung urheberrechtlich geschützter Werke, also auch der Texte und Bilder dieses Werkes nur, wenn sie mit dem Verlag vorher vereinbart wurde. Davon werden die in den §§ 53, 54 URG ausdrücklich genannten Sonderfälle nicht berührt.
Satz, Druck: Dr. Alexander Krebs, Hemsbach
Binden: Fink, Groß-Gerau

# EINFÜHRUNG

Vorstellbar ist ein Oberstufenkurs, der auf „fiktionale"[1] Texte verzichtet. Das Leitlernziel „Kommunikationsfähigkeit" kann über eine Fertigkeitsschulung angestrebt werden, die sich ausschließlich auf Sachtextsequenzen stützt; und wer die Funktionsweise von Sprache sowie ihren expressiven Gebrauch am Beispiel erläutern will, ist nicht auf die Vermittlung des sprachlichen Kunstwerks angewiesen. Ein Rundfunkkommentar, ein Werbeprospekt, eine Sportreportage liefern – häufig in didaktisch ergiebiger Vergröberung – unter Umständen einleuchtendere stilistische und intentionelle Daten als künstlerisch feinsinnig gestaltete Texte.
Nachhaltiges Mißtrauen gegenüber unkritisch tradierter Elite-Literatur hinterließ der idealistisch verblasene Jargon der „Werte"-Didaktik, die in den Lehrplänen der Nachkriegszeit den verbindlichen Minimalkatalog zu rechtfertigen suchte. Sprache wurde im Oberstufenprogramm mißverstanden als Beförderungsmittel ausgesuchter wertvoller Inhalte, deren „Durchnahme" die Behörde nahelegte oder schlicht anordnete, dies in Verkennung wesentlicher Unterrichtsbedingungen wie des Kenntnisstands und des Reifegrads der Schüler sowie der Interessenlage der Klasse *und* des Lehrers. Wer als Achtzehnjähriger den „Cid" lesen *muß*, findet ihn vielleicht nicht weniger albern als den oktroyierten Lamartineschen Weltschmerz, und das Intrigengeschlinge des „Avare" mutet ihn vielleicht ebensowenig komisch an, wie er die Evolutionen des Rolland'schen Revolutionsdramas tragisch finden kann. Dies heißt nicht, daß diese – und *alle* anderen – Lektüren nicht erfolgreich verlaufen können. Es bedeutet aber, daß der naiv-forsche „Stoff"-Dezisionismus im Oberstufenkurs ausgespielt hat.
Die Konsequenz: Propädeutik ist wesentlich methodisch anzulegen. Eine beispielhaft veranschaulichende Einführung in analytische Arbeitsformen anhand okkasionell brauchbarer Texte ist sinnvoller als der Versuch, Literatur systematisch, etwa als geschlossenen historischen Lehrgang, zu betreiben. Dagegen sprechen auch die begrenzte Arbeitszeit und der Umstand, daß die fachlich zersplitterte Reform-Oberstufe nicht mehr das arbeitsökonomische Verfahren der „äußeren Konzentration" nutzbar machen kann: der Französischlehrer kann, wenn überhaupt, nur bei jeweils wechselnden Minderheiten der Kursteilnehmer zum Beispiel gediegene geschichtliche Vorkenntnisse oder die Beherrschung einiger im Deutschunterricht erwerbbarer Interpretationstechniken voraussetzen.
Zudem: er bildet keine Romanisten aus, sondern Sprach-Schüler, dies allerdings auch zum unmittelbaren und mittelbaren Nutzen der wenigen künftigen Fachkollegen, die sich unter ihnen befinden mögen. Wer Referendare anzuleiten hat, weiß, daß die Hochschulabsolventen selten unter einem Theoriedefizit zu leiden haben – hier stellt sich eher die Frage, wie die Fachkenntnisse funktional ergiebiger gewichtet werden können –, häufig allerdings unter sprachpraktischen Mängeln.
Für den gymnasialen Literaturunterricht bedeutet dies, daß seine Qualität unmittelbar dem Grad seiner Versprachlichung und nur mittelbar dem Penetrationsgrad der Analyse entsprechen sollte. Fragwürdig ist darum die „muttersprachliche Interpretation", die gelegentlich mit der Schwierigkeit der Vorlagen oder, ehrlicher, mit dem schwachen Ausbildungsstand der Lerngruppe gerechtfertigt wird. Die Arbeitszeit, die diese wohlfeile „dérobade" kostet, wäre sinnvoller gerade zur Verbesserung des Sprachstandards anzulegen.
Literatur sollte im Unterricht nicht extensiv, sondern im vertiefenden Schwerpunktverfahren vermittelt werden. Einige didaktische Möglichkeiten:
– die kursorisch-intensive Werkanalyse,
– die intensive Textanalyse,
– die vergleichend-kontrastive Analyse von Texten, die
  – – thematisch (Kriterien: Handlungs-, Beschreibungs-, „Stimmungs"-Motive),
  – – historisch (Kriterien: Epoche, Generation),
  – – ästhetisch (Kriterium: Gattung),
  – – ideologisch (Kriterien: literarische Schule, politisch-soziales Engagement)
  korrelieren bzw. divergieren,
– die Werk-, gegebenenfalls auch Autor-Monographie,

---

[1] So unbefangen kategorial sich dieser Ausdruck in seiner Abgrenzung von der „referentiellen" bzw. „expositorischen" Literatur gibt, so unüberhörbar ist der abschätzige Unterton, mit dem er gelegentlich gebraucht wird.

– das literarische Referat, das im gesteuerten Verbund mit von anderen Kursteilnehmern sowie vom Lehrer zu erstellenden Berichten den kursspezifisch-exemplarischen Aufriß einer Literaturgeschichte skizzieren kann.[2]

Das Arbeitsbuch „La Civilisation française, C 2" fördert diese Unterrichtsformen durch
– eine repräsentative Textauswahl,
– breit angelegte allgemein historische und speziell ideen- und literargeschichtliche sowie soziographische und biographisch-bibliographische Dokumentationen,
– gattungsästhetische Überblicke,
– Entwürfe von Modellanalysen, die durch die didaktischen Apparate (Klärung der Sachbezüge und des Kernvokabulars sowie strukturierende Fragen und Arbeitsanweisungen) präzis vorgezeichnet werden.

Die Anlage des Lehrerhefts entspricht wie in C 1 der fünfteiligen Folge der „Exercices de compréhension et de contrôle". Selbstverständlich kann von Schülern nicht das Anspruchsniveau der hier mitgeteilten Kurzreferate bzw. -analysen erwartet werden. Diese sollen vielmehr den Fachkollegen helfen, die dargestellten Sachverhalte zu reorganisieren, zu vertiefen, gegebenenfalls zu problematisieren.

Zurück zum Ausgangsproblem: Wozu „Literatur" (im naiven Wortverstande) in einer Zeit ausgeprägt pragmatischer Sprachdidaktik? Wer sich zur Klärung dieser Frage mit einschlägigen Beiträgen der Fachliteratur beschäftigt[3], findet und empfindet eine Ratlosigkeit, die allenfalls „fruchtbar" zu nennen wäre. Zwar stellt die Lernzielbewegung, die gegenwärtig ihre „période flamboyante" durchquert, bequeme Leerformeln vor allem im Bereich der „affektiven" bzw. „emotionalen" Dimension zur Verfügung (Erfassen der voraussetzungslosen Qualität des Kunstwerks bzw. ästhetische Erbauung; stilisierte Begegnung mit der Zielkultur; Lebenshilfe bzw. Erziehung zum rationalen Handeln; Bildung eines gesellschaftskritischen Bewußtseins [ein meist unkritisch tradierter Passepartout], usw.), doch zeigt die Unterrichtspraxis, daß der Leseeindruck, genauer: die Schülerposition in den Kategorien Wahrnehmen, Verstehen und Handeln nach wie vor nur spekulativ einzugrenzen ist. „Operationalisierbar" sind die Lernfortschritte im Sprachkönnen und der Informationszuwachs an Daten und Fakten, doch ist hier eine überzeugende Abgrenzung von der „expositorischen" Literatur nicht möglich. Es bleibt im Sinne der intellektuellen Redlichkeit zu folgern, daß „die wissenschaftstheoretische Basis der fremdsprachlichen Literaturdidaktik weitgehend ungeklärt ist" (G. Bach, a.a.O. S. 194).

Dies ändert aber nichts daran, daß sich im Lektüreprogramm des Französischunterrichts der Oberstufe Sachliteratur und „Literatur" die Waage halten, daß letztere nach einer kurzen Phase curricular bedingter Askese wieder an Boden gewinnt, daß unsere Schüler sie einfach lesen *wollen*, vielleicht deshalb, weil künstlerisch geformte Wirklichkeit im ursprünglichen Sinne „wirklicher" ist als „referentiell" dokumentierte Realität. Ein Lehrer, der dies vergäße, wäre wirklichkeitsblind.

Dezember 1975 W. Croon

---

[2] Illustrierende Beispiele zu den angegebenen Unterrichtsformen: W. Croon: Entwurf zum Curriculum Leistungskurs Französisch. Abschnitt 3.3.3: Literatur. In: Entwürfe der Curricula für die Mainzer Studienstufe. Mainz 1973.

[3] Eine knappe Auswahl:
– W. Iser: Überlegungen zu einem literaturwissenschaftlichen Studienmodell. In: J. Kolbe (Hrsg.): Ansichten einer künftigen Germanistik. München 1969. S. 193–207.
– R. Geißler: Literaturdidaktische Problemstellungen. In: A. C. Baumgärtner und M. Dahrendorf (Hrsg.): Wozu Literatur in der Schule? Beiträge zum literarischen Unterricht. Braunschweig 1970. S. 61–76.
– R. Ahrens: Literaturwissenschaft in den lehrerbildenden Curricula. In: K. Schröder und G. Walter (Hrsg.): Fremdsprachendidaktisches Studium in der Universität. München 1973. S. 82–96.
– G. Bach: Literaturunterricht als Erziehung zum „rationalen Handeln". In: Neusprachliche Mitteilungen 4/1975. S. 194–202.
– Vgl. auch das Heft 2/1976 („Gesellschaftskritische Literaturbetrachtung") der Zeitschrift „Der fremdsprachliche Unterricht", insbesondere die informativen und kritischen Beiträge von K. H. Köhring, H. Rück und H.-D. Loebner.

# I. L'APPROCHE THÉORIQUE DE LA LITTÉRATURE
Textes 1—6

## I. Connaissance de la matière

**1. Quelles sont les principales tendances de la critique littéraire depuis le romantisme?**

### 1° La méthode Sainte-Beuve

— *Conception:*
Le génie est largement inconscient de ses mobiles, de ses intentions et de ses réalisations. Il incombe donc à son interprète de le pénétrer, de le classer et de le faire comprendre au public, sinon à lui-même. Le «critique» est donc plutôt guide que correcteur, son instinct herméneutique l'emportant sur l'esprit zélateur de chapelle esthétique.

— *Procédé:*
L'approche s'opère sur deux plans bien distincts: d'une part, le critique n'a qu'à s'abandonner à sa «sympathie» intuitive qui, à la recherche de la qualité, le pourvoit d'un flair et d'une lucidité infaillibles; d'autre part, il lui faut procéder à un examen objectif de toutes les données psychologiques et historiques disponibles pour «faire le siège du génie».
«Je suis une expèce de naturaliste des esprits, tâchant de comprendre et de décrire le plus de groupes possible, en vue d'une science plus haute qu'il appartiendra à d'autres d'organiser.» («Port-Royal». Préface)

— *Critique:*
Mal assuré de la valeur «scientifique» de sa méthode, Sainte-Beuve prend ses distances avec le déterminisme rigoureux de la génération d'après 1848 sans toutefois oser se fier inconditionnellement à l'autorité évidente de l'individualité créatrice. Commentateur magistral des classiques, il se trompe lourdement en éreintant Hugo, Vigny, Balzac, Baudelaire.

### 2° La méthode Taine

— *Conception:*
La production artistique et littéraire ne relève pas de la liberté morale, elle est déterminée par des facteurs externes tels que la race, le milieu et le moment (cf. texte 2). Le mécanisme mental obéit aux mêmes lois que le mécanisme des corps: pour comprendre le phénomène du courage, il faut aussi étudier celui de la digestion. L'homme est fait de sensations et d'instincts; la soi-disante originalité n'est qu'une «faculté maîtresse» qui conditionne l'esprit «créateur» de manière toujours identique: elle en fait une machine à fabriquer des œuvres. Taine résume sa méthode dans la préface de son essai «De l'intelligence»: «De tout petits faits bien choisis, importants, significatifs, amplement circonstanciés et minutieusement notés, voilà aujourd'hui la matière de toute science.»

— *Procédé:*
Passant outre à la personnalité de l'écrivain et à l'autonomie de son œuvre, le critique relève les apports de la «race» (Exemple: La Fontaine est «Gaulois»), du «milieu» (Exemple: La Fontaine est Champenois), du «moment» (Exemple: La Fontaine est courtisan à Versailles sous Louis XIV) et évalue ces conditions déterminantes par rapport à la «faculté maîtresse» du génie (Exemple: celle de La Fontaine est l'imagination poétique).

— *Critique:*
L'approche positiviste qui se veut précise et «scientifique», a le mérite de réprimer, du moins provisoirement, le dilettantisme qui s'exerce à cœur joie dans le domaine de la critique littéraire. En revanche, Taine pèche par excès d'esprit systématique et de raideur. Les critères analytiques qu'il propose sont simplistes, trop généraux pour rendre compte de l'unicité d'une œuvre, et ils ne prennent pas en considération la puissance créatrice individuelle qui, elle, n'est pas un produit de la civilisation.

## 3° La méthode Lanson

— *Conception:*
Il n'est pas question de rejeter en bloc les procédés de Sainte-Beuve, de Taine, de Brunetière, etc., ni les résultats de leurs investigations souvent ingénieuses, mais pour récupérer ce qui en reste valable, il convient de les soumettre à l'examen critique d'une théorie conciliatrice qui fait la part à la fois de la réalité concrète, de la raison et de la sensibilité. La science de «l'histoire littéraire» est exacte, mais «l'analyse du génie poétique n'a rien de commun que le nom avec l'analyse du sucre» («L'esprit scientifique et la méthode de l'histoire littéraire»). L'érudition met à notre disposition des techniques qu'il faut appliquer scrupuleusement, mais ce travail reste absurde s'il n'est pas commandé par le service de la beauté (cf. texte 3).

— *Procédé:*
La technique d'une méthode positive est de rigueur: il faut procéder à l'établissement impeccable du texte, justifier sa présentation, indiquer toutes les variantes possibles, vérifier les sources et établir une chronologie méticuleuse.
Une fois constitué, le texte se prête à un examen complet englobant l'analyse de l'ensemble (nature du morceau, tradition littéraire du sujet traité), du plan (composition, enchaînement des paragraphes), du style (vocabulaire, syntaxe, procédés expressifs du langage), éventuellement des caractères et du «sens moral». Ce dernier point, de caractère synthétique, peut être vérifié dans la biographie de l'auteur dont l'étude est indispensable.

— *Critique:*
Les disciples de Lanson imposent le schéma depuis lors sacro-saint de «l'explication de texte» à des générations de professeurs et d'étudiants. Il est difficile de critiquer ces principes, raisonnables par excellence. On assiste toutefois, de nos jours, à une remise en question du moins théorique des critères de l'analyse classique. Ceci est dû en partie, il est vrai, à des mouvements critiques contemporains qui, pour des raisons méthodologiques (R. Barthes) sinon idéologiques (L. Goldmann), dénoncent le quiétisme suffisant de l'école lansonienne; ceci est dû surtout au grand ennui que dégage le schématisme d'une méthode employée déjà par les grands-pères des lycéens actuels. Aussi «l'explication de texte» cède-t-elle le pas aujourd'hui au «commentaire de texte», procédé plus souple et qui réprime moins l'initiative de l'élève.

## 4° La méthode Mauron

— *Conception:*
L'intérêt d'une œuvre littéraire réside moins dans ses «systèmes de relations volontaires» (logique, syntaxe, rhétorique) que dans ses «réseaux d'images obsédantes» (Roland Barthes: «chaînes de symboles»), produits automatiques de l'inconscient et trahissant le «mythe» de la personnalité profonde. La psychanalyse met à la disposition de la critique un tableau assez complet de substitutions oniriques apte à classer les images «involontaires». C'est ainsi que la «chaîne» caractéristique de Mallarmé (oiseau — fleur — feu d'artifice — éventail — papillon — danseuse. Cf. J. P. Richard: «L'univers imaginaire de Mallarmé». Paris 1961. P. 304) permet, une fois décodée, de saisir le message essentiel du poète.

— *Procédé:*
Mauron décrit lui-même les quatre phases de sa méthode (cf. texte 4). A remarquer qu'il se borne aux généralités et que le transfert de la méthode Galton sur le fait littéraire, de même que le tri, puis l'interprétation des «structures» révélatrices ainsi dégagées exigent une série d'opérations analytiques et synthétiques complémentaires auxquelles le texte reproduit par le manuel fait à peine allusion. Les «analyses (...) poussées fort avant» mentionnées au dernier paragraphe, se compliquent du fait que «l'interprétation et le contrôle biographique» dépassent de loin le sens naïf que l'école lansonienne a conféré à ces procédés: la «psychocritique» les dote d'une stratégie d'investigation exclusive fermée à tous ceux qui n'entendent rien à la psychanalyse qui figure ici comme science de base.

— *Critique:*
L'imagerie du rêve et la rhétorique «involontaire» sont-elles «structuralement» identiques? La «Nouvelle Critique» le prétend, mais l'école classique (R. Barthes: «l'Ancienne Critique») reste sceptique. Comme il paraît actuellement impossible de vérifier ou de falsifier cette hypothèse fondamentale, les performances de la méthode psychocritique ne peuvent être

critiquées que du point de vue méthodologique. Et là, il est permis de se demander si l'espèce de contrôle statistique auquel Mauron semble vouloir soumettre l'œuvre à étudier (cf. les opérations 1 et 2), à savoir essentiellement le décompte des éléments fréquents, suffira à dégager un système cohérent de significations symboliques. Car si on admet que le nombre des occurrences d'un «groupement d'images» constitue son intérêt psychologique, on doit aussi délimiter méthodiquement cette opération quantitative: à partir de combien de répétitions le «réseau» est-il significatif? Et que faire de l'image isolée et pourtant bouleversante, échappée comme par miracle au contrôle du conscient et possédant la clé de la logique symbolique du mythe? C'est ici que la méthode Mauron est corrigée et complétée par Roland Barthes.

## 5° La méthode Barthes

— *Conception:*
Une fois écartée la méthode historique chère à l'«Ancienne Critique», mais inutile à la compréhension de la «création littéraire» (cf. texte 5), la critique se penchera sur la spécificité de l'œuvre, en faisant abstraction de tout contexte culturel, moral, esthétique et biographique. L'œuvre est donc une valeur absolue dont il importe de dégager les relations des éléments constitutifs. C'est ainsi qu'il faut classer les personnages comme «termes d'un réseau fonctionnel de figures» («Essais critiques». Paris 1963) et considérer les objets significatifs comme éléments d'une «composition métaphorique» (ibid.), le tout constituant une «cohérence de signes» («Critique et vérité». Paris 1966). Cette analyse structurale est la principale tâche de la critique littéraire. L'interprétation matérielle, elle, est forcément subjective, puisque «...la littérature est cet ensemble d'objets et de règles, de techniques et d'œuvres, dont la fonction dans l'économie générale de notre société est précisément d'institutionnaliser la subjectivité» («Sur Racine». Paris 1963).

— *Procédé:*
Barthes applique les opérations de la linguistique à l'analyse critique: Le texte se présente comme un système de signes dont il faut examiner les constituants, à savoir les «signifiants», sur le plan d'expression, et les «signifiés», sur le plan de contenu (Saussure). Sont «signifiants» des éléments différents du texte tels que des mots, des images, des personnages, des situations, etc. Leurs rapports se révèlent à l'analyse sous la perspective contrastée des syntagmes, d'une part, et du système (ou du plan associatif), d'autre part, l'ordre du syntagme étant «métonymique», celui du système «métaphorique» (Jakobson). L'organisation structurale des termes significatifs est vérifiée par le procédé de la «transformation» qui établit leur logique symbolique à travers les opérations de la substitution, de l'omission, de la condensation, du déplacement et de la dénégation.
Le «signifié», lui, n'est pas «le monde» ni «l'auteur», il est une «représentation psychique» («Le degré zéro de l'écriture». Paris 1953) qu'on ne peut définir que fonctionnellement, à moins qu'on ne prenne le parti de le qualifier d'«éternellement ambigu», en précisant que «le déchiffrement est toujours un choix» («Sur Racine»), parce que, «pour un signifiant, il y a toujours plusieurs signifiés possibles» (ibid.). L'objectivité mise hors cause, le critique n'a qu'à épuiser sa représentation subjective pour arriver «...au plus profond de la personne (Mauron) ou du monde (Goldmann)» (ibid.), ceci en se servant d'une terminologie psychanalytique ou idéologique, en l'occurrence marxiste.

— *Critique:*
De tradition vénérable, la querelle des «Anciens» et des «Modernes» se renouvelle de nos jours dans le conflit qui oppose Raymond Picard, représentant de la critique classique, à Roland Barthes, porte-drapeau de la «Nouvelle Critique». Tous les deux spécialistes de Racine (R. Picard: «La carrière de Jean Racine» [1956]; R. Barthes: «Sur Racine» [1963]), ils s'entre-déchirent à coups de pamphlets (R. Picard: «Nouvelle critique ou nouvelle imposture» [1956]; R. Barthes: «Critique et vérité» [1966]). La position de Barthes ayant été exposée, voici celle de Picard: La «nouvelle critique»
— pèche contre les règles élémentaires de la pensée scientifique en introduisant dans la discipline bien définie qu'est la critique littéraire, de fantaisistes «structures» psychanalytiques, sociologiques (marxistes), métaphysiques, etc.
— détruit la réalité originale d'une œuvre en y puisant librement et arbitrairement des «signes» cabalistiques que l'auteur lui-même ignore

- cache un fondement théorique dérisoire et creux derrière un verbiage délirant qui résiste à chaque tentative d'analyse
- bafoue les valeurs sûres d'une critique raisonnable telles que l'objectivité, la vraisemblance, le goût, la clarté.

## 6° La méthode Goldmann

— *Conception:*
Il ne suffit pas de dégager, tel Barthes, la cohérence des structures immanentes d'une œuvre, il faut démontrer aussi leurs correspondances sociales. Ceci ne se fait pas à la manière inefficace des positivistes qui fouillent la biographie et une «psychologie» fantomatique de l'auteur pour y trouver des points de repère qui expliqueraient tel ou tel élément isolé du produit littéraire. Il s'agit de relever la structure essentielle qui domine à la fois la conscience d'un groupe social et l'imaginaire poétique produit par un membre de ce groupe. Cette opération est autrement plus intéressante que le structuralisme à circuit fermé à la Barthes parce qu'elle permet d'entrevoir la «totalité» finale de l'évolution de la société humaine («Recherches dialectiques». Paris 1959). L'identification des «signifiés» n'est donc ni psychanalytique ni purement fonctionnelle, mais sociologique et historique; et Goldmann, lui, illustre dans ses interprétations littéraires une «vision du monde» (cf. texte 6) franchement marxiste.

— *Procédé:*
L'œuvre étant le signe d'un au-delà d'elle-même, Goldmann s'applique à déchiffrer sa signification en la plaçant dans la téléologie marxiste. Il préfère cependant aux projections grossières (Exemple: La tragédie grecque du V$^e$ siècle avant J.-C. marque le passage de l'économie rurale à l'économie marchande) les homologies structurales. C'est ainsi qu'il interprète la constellation des personnages de Jean Genet («Les bonnes», «Les nègres», «Le balcon») comme l'image d'une société où les exploités anticipent par le rêve ou par le jeu la chute des exploiteurs; et c'est ainsi qu'il considère l'action d'une pièce de Witold Gombrowicz («Le mariage») comme le schéma modèle de la révolution avortée. Les sciences humaines ne disposant pas d'une méthode objectivement vérifiable, ces correspondances ne peuvent pas être «prouvées», elles paraissent néanmoins évidentes à ceux qui sont idéologiquement convaincus du sens de l'histoire.

— *Critique:*
La critique classique et le structuralisme «immanentiste» sont unanimes à reprocher à Goldmann l'effet déformateur qu'exerce sa foi politique sur ses analyses. Mais alors que les lansoniens le qualifient sans ambages de propagandiste, R. Barthes, plus subtil, lui reproche surtout de céder parfois au traditionnel «postulat analogique» («Sur Racine»), selon lequel l'œuvre ne serait qu'une reproduction de la réalité politique et sociale. Cette critique, d'apparence anodine, en cache une autre, essentielle: Goldmann sacrifie le principe de la structure invariable, donc indépendante de l'histoire, à un déterminisme dialectique qui remet en question les données de base de la méthode.

## 2. En quoi se distinguent la critique littéraire traditionnelle et la Nouvelle critique ?

La critique classique (modèle: Lanson)
— considère l'œuvre comme
  — — la représentation d'une réalité extérieure analysable dans les domaines politique, social, économique (aspect historique)
  — — le reflet d'une réalité intérieure analysable dans les domaines biographique et psychologique (aspect individuel)
  — — le produit d'une puissance créatrice personnelle inanalysable
— développe une technique de l'interprétation universitaire qui soumet l'œuvre à un système de critères analytiques englobant
  — — le genre littéraire
  — — la langue (structures et vocabulaire)
  — — la composition
  — — les procédés stylistiques
  — — le fond (perspectives générales: l'«idée centrale» et l'intention de l'auteur)

— juge l'œuvre en la classant par rapport à une combinaison de valeurs esthétiques et morales établies telles que
  – – la véridicité
  – – la représentativité
  – – la beauté formelle (sinon la conformité aux «règles»)
  – – la clarté de l'expression
  – – la profondeur des émotions qu'elle dégage
  – – l'originalité et la cohérence de la «vision du monde» qu'elle illustre.

La «nouvelle critique» (modèle: Barthes)
— considère l'œuvre comme un système de significations dont la cohérence est interne, donc fermée à une investigation positiviste
— refuse, par conséquent, toute approche standardisée: une science de la littérature n'existant pas, l'on ne saurait vulgariser son accès, d'autant que la nature symbolique du langage rend illusoire chaque tentative de réduire méthodiquement son ambiguïté constitutive
— refuse, de même, les critères normatifs de l'examen: ni le «goût» de l'écrivain ni l'«objectivité» de son produit ne résistent à la lecture critique. Il ne peut pas être question de «juger» une œuvre, il faut réaliser sa «vérité» dans un acte créateur qui consiste à indiquer ses «sens seconds» symboliques, tâche que la critique traditionnelle n'a même pas entrevue.

## 3. Laquelle ou lesquelles des méthodes indiquées promettent une explication totale de l'œuvre littéraire?

Il semble bien que Taine, temporairement du moins, soit dupe d'une illusion pareille. Fort d'une méthode qu'il veut rigoureusement expérimentale, il esquisse une «psychologie scientifique» qui expliquerait la production littéraire à travers l'analyse des mouvements moléculaires des centres nerveux. «Il n'y a ici comme partout qu'un problème de mécanique: l'effet total est un composé déterminé tout entier par la grandeur et la direction des forces qui le produisent» («Histoire de la littérature anglaise». Préface). Théoriquement cohérente, cette doctrine échoue, évidemment, quand on veut la mettre en pratique, le problème du transfert se révélant insoluble.
La génération qui suit Taine, tire les conséquences de cet échec. Gustave Lanson dont la monumentale «Histoire de la littérature française» de 1894 constitue la somme de la critique traditionnelle, précise bien avoir profité «de tous les travaux qui pouvaient apporter des notions positives sur les écrivains et sur les écrits», mais il se dépêche d'ajouter qu'il juge «utile, en une matière où il n'y a point de vérité dogmatique ni rationnelle, d'apporter les opinions, les impressions, les formes personnelles de pensée et de sentiment que le contact immédiat et perpétuel des œuvres a déterminées en moi» (Avant-propos).
Une «explication totale» n'étant même pas visée, le travail du critique ne peut aboutir qu'à une «approche», méthodique dans l'examen des données biographiques et historiques, mais subjective dans l'essentiel qu'est la compréhension de l'œuvre.
La notion d'«explication totale» impliquant nécessairement celle d'«objectivité», il va de soi que la «nouvelle critique» ne la prend pas à son compte.

## 4. Pourquoi une œuvre littéraire ne peut-elle être approchée de la même manière qu'un fait historique quelconque?

D'après Lanson, les procédés d'investigation de l'histoire et de l'histoire littéraire sont les mêmes: «Notre étude est historique. Notre méthode sera donc la méthode de l'histoire...» (cf. texte 3). Ce qui distingue historiens et historiens littéraires, n'est donc pas, structurellement parlant, l'analyse des signifiants, mais l'évaluation des signifiés: un fait historique est «aboli», une œuvre littéraire fait partie des «réalités encore présentes». La «survivance» du chef-d'œuvre ne relève évidemment pas de son intérêt documentaire, l'«excitation intellectuelle ou sentimentale» qu'il provoque, ne cesse de solliciter notre intérêt existentiel; il est donc intemporel, inclassable et, partant, éternellement fascinant. C'est ainsi que les «faits biographiques ou bibliographiques, sources, emprunts, imitations, chronologie, etc.» (Lanson: «Histoire de la littérature française». Préface) qu'on a pu rassembler pour retracer l'histoire des sujets littéraires tels que «Dom Juan» ou «Faust» sont insignifiants à côté des créations poétiques de Molière et de Goethe.

5. **Pourquoi ne peut-on pas employer les méthodes des sciences naturelles à l'explication d'une œuvre littéraire ?**

Une science naturelle est soumise à une épistémologie exacte qui indique ses principes et détermine ses limites et la portée de ses procédés déductifs et expérimentaux. Ses méthodes, par exemple les activités de classer, d'ordonner et de dénombrer, sont vérifiables, son but est de parvenir à une connaissance objective. Elle obéit à un système de lois dont l'autorité n'est contestée par personne. En plus, les sciences exactes se soutiennent entre elles : il est courant que la physique, la chimie, la biologie confirment les résultats obtenus par les chercheurs des disciplines voisines en les vérifiant expérimentalement.

Rien de tel pour la critique littéraire. Sa matière est constituée surtout de faits intellectuels et affectifs qui empêchent l'approche «objective» en influençant dès le départ la conscience du chercheur. A défaut d'un mode de connaissance et de procédés d'investigation vérifiables, les «règles» de la critique littéraire — de même que les «lois» de l'histoire — n'ont qu'une réalité subjective, et l'apport de disciplines plus structurées telles que la psychologie, la sociologie et la linguistique ne peut être que spéculatif étant donné que les sciences humaines ne disposent pas d'une théorie générale des relations interdisciplinaires.

## II. Connaissance de la terminologie

### Expliquez les termes suivants :

**race** (texte 2) — Pour Taine, la «race» est l'ensemble de «ces dispositions innées et héréditaires que l'homme apporte avec lui à la lumière, et qui ordinairement sont jointes à des différences marquées dans le tempérament et dans la structure des corps».
Il s'agit donc des éléments constitutionnels donnés (et non pas acquis) qu'étudie la génétique, science de l'hérédité.

**milieu** (texte 2) — Le développement individuel est partiellement fonction de ces «plis accidentels et secondaires» causés par les «circonstances physiques et sociales» qu'on appelle «milieu» ou «environnement».
C'est donc l'apport de l'acquis (au contraire de l'inné) qui constitue le deuxième facteur de la personnalité.

**moment** (texte 2) — Taine complète l'«impulsion permanente» de la prédisposition et le «milieu donné» par la «vitesse acquise» du «moment». Il met donc en valeur, en l'isolant, l'historicité du milieu. Chaque évolution historique influence les groupes sociaux et les individus qui la subissent, en proportion de l'intensité momentanée de son dynamisme intérieur.

**mythe** (texte 4) — D'après la définition courante, un «mythe» est un récit qui présente des personnages symboliques incarnant des forces élémentaires de la nature et des aspects généraux de la vie de l'âme.
Pour Mauron, le «mythe personnel» est l'expression strictement privée de la «personnalité inconsciente et de son évolution». C'est la configuration dramatique de tous les conflits intériorisés au cours de l'histoire d'un individu, et qui se signalent à l'attention par l'apparition de leurs chiffres dans les «réseaux d'images obsédants».

**mentalité collective** (texte 5) — D'une manière générale, c'est l'«ensemble des croyances et habitudes d'esprit qui informent et commandent la pensée d'une collectivité, commune à chaque membre de cette collectivité» («Petit Robert»).
Une analyse plus détaillée devrait dégager les facteurs sociaux (données géographiques, réalisations économiques, institutions politiques et religieuses) et les facteurs mentaux (représentations cosmologiques, aspects moraux, comportements religieux, acceptation ou refus de la hiérarchie sociale) dont la mentalité collective n'est qu'un condensé intériorisé.

**structure** (texte 4) — Par «structure» on entend la «forme analysable que présentent les éléments d'un objet ou d'un système» («Micro Robert»). Traditionnellement employé dans les sciences naturelles telles que la chimie ou l'anatomie, le terme est redécouvert et mis à

la mode par l'école «structuraliste» de certaines «sciences humaines» modernes telles que la linguistique, la sociologie (et notamment l'ethnologie) de même que par les théoriciens de la «Nouvelle Critique».
Peu satisfaits de l'emploi inflationniste de la notion, ces derniers en retiennent surtout le procédé méthodologique: l'opération structuraliste consiste essentiellement à décomposer, puis à recomposer le «système» (Foucault) ou le «réseau» (Mauron) que forment les parties constituantes d'un ensemble structuré.

**thème** (texte 4) — Un «thème» est une «matière que l'on se propose de développer» («Petit Larousse»). Posé comme devoir, il rentre dans les «systèmes de relations volontaires» (Mauron) régis par la logique et la syntaxe. Il vise donc d'abord, par le choix du sujet et la façon de le traiter, la communication sociale plutôt que l'extériorisation de la «personnalité inconsciente».

**matérialisme dialectique, base, superstructure** (texte 6) — Le «matérialisme dialectique» est une doctrine qui explique les lois générales de l'évolution, tant sur le plan de la nature que sur ceux de la société et de la pensée. En voici ses principes:
— la réalité objective de la matière,
— la priorité de la matière par rapport à la conscience,
— le mouvement dialectique ininterrompu de la matière et, partant, son évolution incessante, phénomène relevé par la connaissance,
— l'unité de l'univers et l'interaction fonctionnelle de ses éléments,
— le conflit et l'harmonie dialectiques des contraires,
— le passage de la quantité à la qualité,
— la négation de la négation en tant que principe de l'évolution.
Pour ce qui est plus précisément de la société, ce sont les forces économiques et les rapports de production qui constituent la «base» du régime social (caractérisé par la division de la société en classes opposées), alors que les institutions (politiques, juridiques, administratives) et les «idéologies» (religion, philosophie, lettres) forment la «superstructure» qui, tout en exerçant une action en retour sur la base, en est entièrement dépendante. C'est ainsi que la «lutte des classes» qui n'est que l'expression dialectique des antagonismes opposant les «idéologies» établies et les forces productives, ne peut pas tourner au détriment de celles-ci.
Goldmann s'accommode mal de ce déterminisme mécanique et rigoureux. Esprit indépendant et conscient de l'être, il cherche à s'aménager une marge de liberté à l'intérieur du système marxiste que, d'autre part, il ne cesse de défendre.

**vision du monde** (texte 6) — «Une vision du monde est un point de vue cohérent et unitaire sur l'ensemble de la réalité» (Goldmann).
Cette définition est classique. Mais la position de Goldmann devient originale lorsqu'il précise que «les visions du monde ne sont pas das faits individuels, mais des faits sociaux» et qu'il s'agit d'un «système de pensée qui, dans certaines conditions, s'impose à un groupe d'hommes se trouvant dans des situations économiques analogues, c'est-à-dire à certaines classes sociales».
L'auteur harmonise ici la discipline collectiviste de son idéologie et la conscience grandiose que l'esprit créateur peut avoir de sa fonction. Si «le philosophe et l'écrivain pensent ou sentent cette vision jusqu'à ses dernières conséquences», ils doivent être considérés comme les guides de leurs générations. C'est une conception que Victor Hugo n'aurait pas reniée, et voilà un rapprochement qui laisse rêveur.

## II. LE XVIIe SIÈCLE : LE SIÈCLE CLASSIQUE
Textes 7–28

### I. Connaissance de la matière

#### 1. Les grands événements du règne de Louis XIV

1661      A la mort du cardinal Mazarin, le jeune roi Louis XIV accède au pouvoir. Il fait triompher l'absolutisme sous la forme du gouvernement personnel. Roi de droit divin, maître incontesté de son royaume, il fera de la France la première puissance d'Europe.

1661      Louis XIV fait commencer la construction du château de Versailles. Le roi confie à Le Vau, puis à Hardouin-Mansart (1678: réaménagement de l'édifice) la direction des travaux. Le palais de Versailles, symbole de la gloire du roi soleil, devient le point de mire de l'architecture européenne, surtout au XVIIIe siècle. C'est ainsi qu'on voit des copies de Versailles un peu partout en Europe, par exemple en Espagne (La Granja), en Italie (Caserte), en Autriche (Schönbrunn), en Prusse (Potsdam), en Angleterre (Hampton Court), en Suède (Drottningholm) et en Russie (Peterhof).

1667–68   Guerre de dévolution. Louis XIV entreprend cette guerre au nom des droits de la reine (Marie-Thérèse, fille de Philippe IV, roi d'Espagne) sur les Pays-Bas espagnols. La paix d'Aix-la-Chapelle, signée en mai 1668, donne à la France les territoires conquis.

1672–78   Guerre contre la Hollande. Après quelques revers initiaux, la Hollande parvient à détacher la France de ses alliés et à former une coalition avec l'Autriche, le Brandebourg et l'Espagne. Louis XIV tourne alors toutes ses forces contre l'Espagne. La paix de Nimègue (1678) oblige l'Espagne de céder la Franche-Comté et douze places fortes de Flandre.

1688–97   Guerre contre la ligue d'Augsbourg. Poursuivant une politique de grandeur et d'hégémonie, la France affronte une formidable coalition que l'Empereur forme avec l'Angleterre, la Hollande, la Suède, l'Espagne ainsi qu'avec plusieurs membres de l'Empire. Une série d'opérations militaires plus ou moins brillantes (1689: Louvois fait ravager le Palatinat; 1692: à la Hougue, la flotte française est défaite par les Anglais; 1693: le maréchal de Luxembourg bat Guillaume d'Orange à Neerwinden) se solde par un demi-échec: la paix de Ryswick (1697) oblige Louis XIV de rendre la plupart des territoires annexés depuis 1678. Il obtient cependant la possession définitive de Strasbourg.

1701–14   Guerre de succession d'Espagne. Dans son testament de 1700, Charles II, roi d'Espagne, institue comme seul héritier le duc d'Anjou, petit-fils de Louis XIV. Le nouveau roi, Philippe V, n'est pas reconnu par l'Empereur. Répondant à une série de maladresses diplomatiques et militaires du roi de France, l'Angleterre, la Hollande, l'Empereur et la plupart des princes allemands forment la «Grande Alliance». Les hostilités tournent au désavantage des Français. En 1706, Villeroi perd la bataille de Ramillies et La Feuillade celle de Turin: les Pays-Bas espagnols et l'Italie sont ainsi perdus pour la France. En 1709, Villars est défait à Malplaquet par le prince Eugène et Marlborough, mais les coalisés n'exploitent pas la victoire. La mort de l'Empereur Joseph Ier (1711) et l'abandon de l'alliance par les Anglais limitent les dégâts pour la France. Les traités d'Utrecht (1713) et de Rastatt (1714) consolident la position de Philippe V, roi d'Espagne.

1685      Révocation de l'Edit de Nantes. L'édit de Nantes, rendu par Henri IV en 1598, met fin aux guerres de religion qui, au XVIe siècle, opposent Catholiques et Protestants. Il accorde aux Protestants la liberté de culte, des assemblées, des universités, des places fortes et, auprès du roi, des représentants chargés de défendre leurs intérêts. Cette situation n'est pas sans risque pour l'autorité du pouvoir central. Richelieu qui craint les ambitions politiques d'une faction religieuse militante, déclenche la lutte ouverte contre les Protestants (La Rochelle, Cévennes), et leur retire les droits politiques en 1629 («Edit de grâce» d'Alès). Louis XIV n'admet pas qu'une partie de ses sujets professe une autre foi que leur roi. Il met en œuvre une politique de «conversions» plus ou moins spontanées, et des dizaines de milliers de protestants changent de religion pour échapper à une répression de plus en plus terroriste. La conclusion logique de cette campagne est la révocation de l'édit de Nantes (16 octobre 1685), événement applaudi par la majorité des Français et, ce qui peut étonner, aussi par l'élite intellectuelle (Bossuet, Racine, La Fontaine, Madame de Sévigné, La Bruyère), du moins temporairement fermée à l'idée de la liberté de conscience. Deux à trois cent mille protestants préfèrent alors quitter le pays avec leurs pasteurs, chassés d'office, que de renoncer à leur pratique religieuse et d'abandonner leurs enfants à l'éducation catholique.

2. **Montrez l'interdépendance entre la condition matérielle des écrivains au XVII$^e$ siècle et le régime politique, d'une part, et les sujets traités par la littérature de cette époque, d'autre part.**

Au XVII$^e$ siècle, le grand seigneur qui écrit pour se divertir, est moins représentatif de la vie littéraire que le fils de bourgeois formé dans les collèges de l'Université ou dans ceux des jésuites. C'est là qu'il acquiert les notions de base de la culture classique indispensable à l'élévation sociale et qui lui ouvre les portes des salons, des académies et, éventuellement, de la cour. Dans les salons, le jeune littérateur trouve un public et, souvent, des protecteurs, les académies consacrent son talent, la cour lui offre, assez souvent, des moyens de subsistance.
Son existence matérielle n'est pourtant pas toujours garantie. Si le roi apprécie Boileau et Racine, s'il protège Molière, il ne montre pas d'empressement, en revanche, à aider le vieux Corneille ni à tirer d'embarras La Fontaine et La Bruyère, esprits autrement indépendants que les «historiographes» bien dotés de sa majesté.
Il serait pourtant faux de croire que Louis XIV ne s'entoure que de flatteurs. Fonctionnaires plutôt que courtisans, les écrivains pensionnaires du roi s'acquittent de leur dette envers la royauté absolue et la personne du souverain de manière plus ou moins routinière. Ils savent bien que le roi n'a pas l'habitude de lire, mais qu'il se fait lire les dédicaces; c'est pourquoi ils y égrènent les chapelets des compliments d'usage destinés à la gloire du roi ou des grands du royaume.
Ainsi, Racine dédie «La Thébaïde» au duc de Saint-Aignan, son premier protecteur («Je vous présente un ouvrage qui n'a peut-être rien de considérable que l'honneur de vous avoir plu») Il offre son «Alexandre le Grand» à la personne du roi en soutenant, à travers toute la préface, une comparaison laborieuse entre Alexandre et Louis XIV, qui ne tourne pas au désavantage de ce dernier («Et l'on sait avec quelle ardeur Votre Majesté Elle-même a cherché les occasions de se signaler dans un âge où Alexandre ne faisait encore que pleurer pour les victoires de son père»). Il dédie «Andromaque» à Henriette d'Angleterre, «Madame», mariée à «Monsieur», frère du roi; il dédie «Bérénice» à Colbert, premier ministre du roi et l'homme le plus influent du royaume après Louis XIV dont il est le favori.
Pourtant, les œuvres elles-mêmes bannissent le plus souvent les sujets actuels; les poètes et les romanciers leur préfèrent la représentation d'une réalité générale revêtant le costume de la mythologie ou d'une histoire devenue légendaire, à moins qu'il ne s'agisse, sur le plan de la comédie, de la mise en relief de types humains éternels déguisés en contemporains. Il y a des exceptions à cette règle: Mademoiselle de Scudéry, auteur à succès de romans-fleuves précieux, dépeint sous les traits des personnages du «Grand Cyrus» (1649–1653) et de «Clélie» (1654) quelques protagonistes de la société de son temps; et La Bruyère, portraitiste satirique, conditionne l'énorme succès de ses «Caractères» (1688–1696) en y exposant au grand jour les travers, délibérément grossis, de quelques contemporains bien connus à la cour et à la ville.
Un écrivain moderne arrive éventuellement à vivre de ses droits d'auteur en s'appuyant d'abord sur une clientèle littéraire importante qui se recrute essentiellement dans la bourgeoisie cultivée, puis sur un procédé de distribution rentable et efficace qui lui permet d'écouler sa production. A défaut de ces conditions de base, le littérateur du XVII$^e$ siècle dépend du mécénat aristocratique, il se considère comme «un artisan pourvoyeur de luxe, négociant sa production selon le système du troc, contre son entretien» (Robert Escarpit). Il peut, tel Racine, satisfaire directement le besoin culturel du mécène principal, il peut, tel La Bruyère, exciter la curiosité d'un public raffiné et frivole, il peut, tels les auteurs mineurs, se conformer au goût d'une clientèle et produire une littérature de consommation courante: la tragédie sanglante à la Hardy, la poésie galante à la Voiture et le roman mondain à la Gomberville. Le régime politique ne s'y reflète qu'indirectement, mais le style de vie des gens qui soutiennent ce régime, y est omniprésent.

## 3. Montrez l'interdépendance entre
   — une société d'ordres à dominance féodale, d'une part, et
   — l'idéal de ‹l'honnête homme›, d'autre part.

La féodalité est un type de société caractérisée par l'existence de fiefs et de seigneuries. Le fief est un domaine ou une concession que le vassal tient du seigneur, sous condition de lui prêter foi et hommage et de lui fournir certains services, la seigneurie étant l'ensemble des pouvoirs qu'exerce le seigneur sur les terres et les personnes. Sur le plan politique, le régime féodal cède le pas à la monarchie absolue, processus terminé sous Richelieu. Au point de vue social, il ne succombera qu'avec l'Ancien Régime. La société féodale se présente sous l'aspect d'une stratification horizontale dont les différentes couches, les «ordres», se distinguent par des statuts sociaux bien définis. C'est ainsi que l'ordre du clergé, en principe le premier ordre du royaume, a comme fonction sociale l'assistance et l'instruction. L'ordre de la noblesse assure la sécurité du pays contre l'étranger de même que la stabilité sociale à l'intérieur, et il monopolise par conséquent les fonctions publiques qui y correspondent. Comme l'ecclésiastique, le noble est exempt de l'impôt direct. En revanche, il lui est interdit d'exercer des activités qui rapportent de l'argent, le métier des armes, le seul digne de lui, étant désintéressé.

La majorité écrasante de la population compose le tiers état dont la fonction sociale est de produire et d'échanger tous les biens matériels tels que la nourriture, l'habillement, le logement, les moyens de transport, etc. Le troisième ordre social est loin d'être désorganisé; il établit une hiérarchie assez rigide dont les différents échelons évaluent leur «dignité» par rapport au genre de vie noble. L'estime sociale gradue ainsi journaliers, laboureurs, fermiers, artisans, marchands, manufacturiers, rentiers riches ayant obtenu le titre juridique de «bourgeois», médecins, avocats, professeurs d'université, gens de lettres, officiers royaux.

Cette société de statuts et de corps hiérarchisés commence à se désintégrer sous le règne même de Louis XIV. Contraints de mener un train de vie trop généreux, conformément à la prétendue dignité de leur rang social, sans pour autant pouvoir augmenter leurs revenus, beaucoup de nobles se ruinent et vendent offices et seigneuries à des membres des statuts supérieurs du tiers état. Le roi lui-même qui a besoin d'argent pour pouvoir continuer ses guerres ruineuses, leur vend bon nombre d'offices royaux.

Le type du bourgeois parvenu désireux de se faire gentilhomme ou du moins vivre comme tel, occupe d'un coup la scène littéraire. Dissimulant à peine leur jalousie, nobles et roturiers affectent de le mépriser; il est de bon ton de s'en moquer: le rustre a beau étaler ses richesses, il ne fera jamais oublier son manque d'éducation. Puisqu'il est envahissant et bien équipé pour s'approprier les privilèges matériels des ordres supérieurs, il importe de lui opposer un idéal qui lui soit inaccessible: l'«honnête homme». Le phénomène se définit surtout négativement. Ce n'est pas un spécialiste, donc ni paysan, ni artisan, ni négociant, ni manufacturier; ce n'est pas non plus un «pédant», donc ni savant, ni professeur, ni philosophe. Ce n'est pas non plus un homme d'action travaillant à son propre compte. C'est, en principe du moins, un noble qui remplit les fonctions héréditaires de son ordre en servant le roi, sans ambition démesurée, en tant qu'officier et homme de guerre. N'excellant nulle part, il se rattrape sur des valeurs aussi vagues que le goût et la bienséance, qualités principales d'une culture aristocratique que le parvenu, nouveau barbare, est censé incapable de faire sienne.

Cet idéal exclusif et franchement réactionnaire qui nie le mérite personnel et stylise la médiocrité normée, rencontre un succès inopiné auprès d'une classe qu'il semble vouloir discriminer: par un effet de mimétisme collectif, la haute bourgeoisie se l'approprie et l'anoblit après coup en le qualifiant de la valeur collective qu'est le bon sens. Ainsi complété sinon redéfini, l'«honnête homme» est le médiateur de la civilisation classique, capable de rallier les éléments créateurs des différents ordres à une culture commune.

4. Etablissez un graphique montrant les dates de vie des principaux auteurs du XVIIᵉ siècle par rapport à la vie et au règne de Louis XIV.

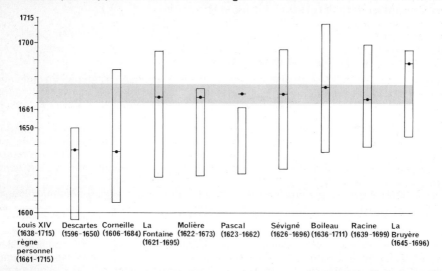

Indiquez sur la colonne montrant la vie de l'auteur la date de parution de l'œuvre dont un passage est expliqué dans ce livre, p. ex. MOLIÈRE, L'Avare, 1668. Dans quelle période paraissent la plupart des œuvres? Marquez cette période par une bande zébrée: c'est l'apogée du classicisme en France.

Le manuel fournissant toutes les indications nécessaires, ce travail ne présente aucune difficulté.
Sont reproduits des extraits de
— Descartes: «Discours de la méthode» (1637)
— Pascal: «Pensées» (1670: Edition Port-Royal)
— Boileau: «Art poétique» (1674)
— Corneille: «Le Cid» (1636)
— Racine: «Andromaque» (1667)
— Molière: «L'Avare» (1668)
— La Fontaine: «Fables» I (1668)
— La Bruyère: «Les Caractères» (1688)
— Madame de Sévigné: «Lettres» (la lettre reproduite par le manuel date de 1670).

La génération dite classique coïncide avec la première période du règne personnel de Louis XIV (1661: Louis XIV prend le pouvoir; 1668: Paix d'Aix-la-Chapelle; 1678: Paix de Nimègue: suprématie française en Europe; 1682: la cour s'installe à Versailles). Dans cette période particulièrement brillante, la plupart des grands écrivains du siècle s'imposent au public.
— En 1659, **Molière** remporte son premier grand succès avec «Les précieuses ridicules»
— en 1662, **Bossuet** fait triompher l'éloquence religieuse avec le «Carême du Louvre»
— en 1665, **La Rochefoucauld** publie un premier recueil de ses «Maximes» dès lors célèbres
— en 1667, «Andromaque» vaut à son auteur, **Racine,** une gloire immédiate
— en 1668 paraît la première série (six livres en deux volumes) des «Fables» de **La Fontaine** dont le succès est tel que trois éditions se succèdent en un an
— en 1670, les «Pensées» de **Pascal** sont admirées et controversées tout de suite après la publication
— en 1671, **Madame de Sévigné** écrit ses premières lettres à sa fille. Répandues de son vivant, elles ne sont publiées qu'après sa mort
— en 1674, **Boileau** fait paraître «L'art poétique», la somme théorique du classicisme qui, dès la publication, oppose amis et adversaires du poète
— en 1678 paraît «La princesse de Clèves» de **Madame de la Fayette,** le chef-d'œuvre du roman classique.

**5. Quelle est l'influence**
   **— des grammairiens,**
   **— des traductions de littérature latine et grecque,**
   **— du Jansénisme,**
   **— de Descartes,**
   **— de Louis XIV**
   **sur la formation du classicisme en France?**

**Les grammairiens** du XVII<sup>e</sup> siècle fixent l'emploi correct du français moderne. En réglementant une langue jusqu'alors anarchique, ils mettent à la disposition des écrivains un précieux instrument de travail: l'ordre et la clarté du français en feront, pendant deux siècles, la première langue d'Europe.
Malherbe (1555–1628) qui est poète et théoricien à la fois, amorce la réforme en dénonçant, dans son «Commentaire sur Desportes», l'emploi d'archaïsmes, de latinismes, de termes techniques, d'expressions dialectales; il va jusqu'à bannir les mots dérivés et composés. Il considère les gens du peuple comme ses «maîtres en langage» et recommande à ses confrères de se conformer à leur usage.
Vaugelas (1585–1650), le grammairien le plus influent de son siècle, continue l'œuvre de Malherbe. Il entend perfectionner la langue française, il a l'intention «de la rendre vraiment maîtresse chez elle, et de la nettoyer des ordures qu'elle avait contractées». Seulement, il ne partage pas la préférence du maître pour l'usage du peuple, il le sacrifie au «bon usage» des «honnêtes gens». Comme ses «Remarques sur la langue française» font autorité dans la société mondaine et le monde des lettres, le français classique sera une langue hautement abstraite et stylisée, précise, au vocabulaire restreint, mais qui permet aux esprits fins une communication claire et nuancée. Le code est fermé aux incultes; le langage exclusif, tel une algèbre aux symboles arbitrairement définis, coupe les liens qui, jusqu'alors, ont rattaché la grande littérature au peuple. Effet néfaste qui se fera sentir notamment dans la production des écrivains mondains mineurs: raffinés et sclérosés en même temps, ils tendent à faire du «bon usage» un idiome artificiel vidé de toute sensation spontanée. Les grands écrivains du siècle ne donnent pas dans ce piège. Racine et Madame de la Fayette par exemple s'en tiennent au vocabulaire soutenu restreint que le «Dictionnaire», inspiré par Vaugelas, de l'Académie Française consacrera en 1694, mais ils s'en servent avec une souplesse et une virtuosité combinatoires étonnantes, qualités entièrement aptes à rendre toutes les nuances psychologiques exigées par le sujet. Molière et La Fontaine, eux, ne se laissent pas enfermer par le langage à la mode. Le pittoresque, la truculence de leurs personnages demandent un vocabulaire concret, coloré, savoureux qu'ils vont chercher dans les couches populaires de la langue, à moins qu'ils ne réactivent quelque peu le vieux vocabulaire censuré par les puristes.

**L'antiquité gréco-latine** passe pour être l'époque «classique» par excellence, et les grands auteurs du XVII<sup>e</sup> siècle se considèrent volontiers comme les imitateurs des anciens. La statistique des traductions montre que la génération de La Fontaine, de Molière, de Boileau, de Racine est vraiment imbibée de civilisation antique. Familier de la mythologie et de l'histoire gréco-latines, l'«honnête homme» comprend sans peine toutes les allusions littéraires qui s'y rapportent; sa culture générale serait inachevée s'il ne savait pas classer Platon, Pindare, Plaute, Virgile.
L'engouement pour les classiques, que la génération de la Pléiade transmet tout naturellement au XVII<sup>e</sup> siècle, est remis en question par la «querelle des anciens et des modernes» qui, à la fin du siècle, oppose critiques (Fontenelle, Saint-Evremond, Perrault) et admirateurs (Boileau, La Fontaine, La Bruyère) des écrivains classiques. C'est à ce moment-là que les «anciens» procèdent à une révision générale des arguments qui parlent en faveur du goût établi, et ils en retiennent notamment deux:
— L'immortalité des œuvres classiques prouve leur excellence:
   «Mais lors que des écrivains ont été admirés durant un fort grand nombre de siècles, et n'ont été méprisés que par quelques gens de goût bizarre, car il se trouve toujours des goûts dépravés, alors non seulement il y a de la témérité, mais il y a de la folie à vouloir douter du mérite des ces écrivains. Que si vous ne voyez point les beautés de leurs écrits, il ne faut pas conclure qu'elles n'y sont point, mais que vous êtes aveugle, et que vous n'avez point de goût. Le gros des hommes à la longue ne se trompe point sur les ouvrages d'esprit. Il n'est plus question à l'heure qu'il est, de savoir si Homère, Platon, Ciceron, Virgile sont des

hommes merveilleux; c'est une chose sans contestation puisque vingt siècles en sont convenus.» (Boileau: «Réflexions critiques VII». Pléiade. P. 524)
— Les anciens sont grands, parce qu'ils sont vrais, c'est-à-dire, ils savent voir la nature et enseigner l'art de la rendre:
«Art et guides, tout est dans les Champs-Elysées.
. . .
Térence est dans mes mains; je m'instruis dans Horace;
Homère et son rival sont mes dieux du Parnasse.
. . .
. . .moi, qui, plein de ma lecture,
Vais partout prêchant l'art de la simple nature.»
(La Fontaine: «Epître à Huet». Pléiade II. P. 648–9)

Pour le classicisme français, le chemin de la perfection est donc jalonné par les exemples des anciens, ceci autant sur le plan de la forme — il convient par exemple de respecter les lois «naturelles» des genres littéraires — que sur celui des sujets, modèles existentiels éternels. Il ne faut cependant pas substituer l'idolâtrie à l'estime raisonnable:
«Quelques imitateurs, sot bétail, je l'avoue,
Suivent en vrais moutons le pasteur de Mantoue (= Virgile):
J'en use d'autre sorte; et, me laissant guider,
Souvent à marcher seul j'ose me hasarder.
On me verra toujours pratiquer cet usage;
Mon imitation n'est point un esclavage:
Je ne prends que l'idée, et les tours, et les lois,
Que nos maîtres suivaient eux-mêmes autrefois.»
(La Fontaine. Ibid. P. 648).

Les lois de l'art étant toujours les mêmes, une identification métaphorique de l'élève avec ses maîtres est pourtant possible, ne serait-ce qu'aux instants pathétiques de la vie:
«Sous ce tombeau gisent Plaute et Térence,
Et cependant le seul Molière y gît.
Leurs trois talents ne formaient qu'un esprit
Dont le bel art réjouissait la France.
Ils sont partis! et j'ai peu d'espérance
De les revoir. Malgré tous nos efforts,
Pour un long temps, selon toute apparence,
Térence, et Plaute, et Molière sont morts.»
(La Fontaine: «La mort de Molière». Pléiade II. P. 609).

**Le jansénisme** doit son nom à Jansénius (1588–1638), évêque d'Ypres, auteur du fameux «Augustinus», ouvrage où il développe, au sujet de la grâce, une doctrine considérée comme hérétique par l'Eglise catholique. Selon la thèse officielle, défendue notamment par les jésuites, le libre arbitre et la grâce divine coopèrent dans l'œuvre du salut. Les jansénistes, eux, nient la valeur de la liberté humaine: la grâce de Dieu est toute-puissante, mais comme son amour est électif, l'homme est «prédestiné», c'est-à-dire, il est sauvé ou perdu d'avance.
Le centre du jansénisme français est l'abbaye de Port-Royal. Saint-Cyran, Arnaud, Lancelot, Nicole sont les maîtres à penser d'une élite intellectuelle qui, malgré toutes les persécutions que lui font subir les autorités royale et ecclésiastique, arrive à pénétrer le classicisme français, non pas de sa doctrine, mais de sa morale et de ses méthodes de penser.
Un génie, Pascal, fait partie du mouvement, et un grand poète, Racine, en est imprégné. Boileau, Madame de Sévigné, Saint-Simon se sentent, du moins temporairement, attirés par l'austérité sublime de Port-Royal, et Lanson va jusqu'à ranger Bossuet lui-même, champion quasi officiel pourtant de l'orthodoxie, parmi les «jansénistes du dehors», épris de rigueur et de pureté absolue dans un monde chrétien compromis et pourri par la casuistique des jésuites.

**Descartes** est le créateur de la «pensée française» si on entend par là système et méthode, ascèse de l'intelligence et lucidité incorruptible. Il est aussi la conscience de son siècle qui, à travers le «Discours de la méthode» (1637) et le «Traité des passions de l'âme» (1649), apprend à mépriser veulerie et paresse intellectuelle. Législateur des sciences dont il fixe la valeur et la portée par les «règles» de l'évidence, de l'analyse, de la synthèse et du dénombrement, Descartes est aussi, par sa thèse du «dualisme» — la substance étendue, c'est-à-dire, la matière, et la substance pensante sont rigoureusement distinctes — théoricien des Lettres: la pensée, qualité supérieure de l'homme, n'a que faire, dans son expression littéraire, de la nature au sens matériel du terme, son éternel objet étant la «Nature» de l'homme moral. Comme la Raison est universelle, la Vérité, unique objectif de toutes ses opérations, se doit d'être universelle aussi: l'écrivain procédera donc à des abstractions, à des représentations stylisées de la réalité, il s'appliquera à dégager de la suite apparemment désordonnée qu'est la vie pour l'homme superficiel et frivole, l'ordre et la clarté de la Raison divine. Boileau, cartésien convaincu, décrète par conséquent l'identité du beau et du vrai. La doctrine esthétique du classicisme condamne la représentation «sérieuse» de l'excentrique; il appartient à la comédie et à la satire de l'exploiter à des fins pédagogiques.

Le danger d'une telle orientation est évident: une littérature qui ne serait que raisonnable, logique, généralisatrice, aboutirait vite à dessécher les sources de l'inspiration poétique. Les grands écrivains du XVIIe siècle sont heureusement acquis à la beauté vitale de l'Antiquité gréco-latine, mais les littérateurs du «siècle des lumières», plus cartésiens que les contemporains du philosophe, sacrifieront le lyrisme à une Raison devenue discriminatoire.

**Louis XIV,** appelé «le grand», impressionne ses contemporains moins par la grandeur de sa personne à maints égards perfectible, que par la grandeur de l'idée qu'il représente parfaitement. Bossuet, précepteur du dauphin et théoricien de la monarchie absolue, définit dans sa «Politique tirée de l'écriture sainte» (1678) la fonction du roi qui en fait le garant d'une société instituée par la raison divine:
- il transforme l'état de nature où «l'homme est un loup pour l'homme» (Hobbes) dans un ordre social où «...chacun renonçant à sa volonté, la transporte et la réunit à celle du prince» (Bossuet);
- il confirme la loi de l'histoire, selon laquelle la monarchie héréditaire est le système politique le plus apte à protéger les sujets des désordres de l'anarchie
- souverain inviolable, puisque élu de Dieu, il est aussi le partenaire naturel et légitime du peuple dans un pacte social qu'il ne saurait violer.

La Raison qui sera incendiaire au «siècle des lumières», reste conservatrice sous le roi soleil. Elle semble approuver la concentration du pouvoir, la centralisation administrative, le protocole presque liturgique de Versailles, une architecture qui se fait courtisane.

Volontaire, autocrate, glorieux et bientôt glorifié, Louis sait répondre à l'idée nostalgique que ses sujets, affamés d'autorité légitime, se font du Roi. La magnificence de sa cour et son style de vie imprègnent le climat intellectuel des genres littéraires «sérieux» et délimitent, par contre-coup, la portée de la comédie et de la satire. Mécène suprême des arts, il reste à l'abri de toute critique — Fénelon, lui, est un hors-la-loi littéraire — et fait distribuer louanges et blâmes selon son bon plaisir. Une pièce de théâtre passe pour bonne quand elle plaît au roi. Comme son goût n'est pas le meilleur, il lui arrive aussi de promouvoir la médiocrité et de saquer le vrai mérite.

6. **Résumez brièvement les règles de la ‹doctrine classique›. Est-ce que cette doctrine contient des préceptes qu'un auteur de nos jours devrait respecter ou du moins connaître?**

L'«Art poétique» (1674) de Boileau rappelle les principes généraux, esthétiques et moraux, du classicisme. Il contient aussi une série de conseils précis, utiles notamment aux jeunes écrivains désireux de se rendre maîtres du savoir-faire technique de leur métier.

Côté principes, Boileau exige
- l'imitation de la nature (entendez: la nature humaine) guidée par
- la raison qui permet de dégager
- la vérité et
- la beauté, valeurs générales et absolues, accessibles
- au goût entraîné par l'étude
- des écrivains gréco-latins dont les œuvres forment les modèles classiques
- des genres littéraires, moules idéals

— de l'intention pédagogique et moralisatrice que l'auteur a intérêt à cacher sous
— une forme bien travaillée et
— un contenu divertissant.

Côté «règles», Boileau recommande
— le respect des trois unités (lieu, temps, action):
«Nous voulons qu'avec art l'action se ménage:
Qu'en un lieu, qu'en un jour, un seul fait accompli
Tienne jusqu'à la fin le théâtre rempli.»
(«L'Art Poétique». Pléiade. P. 170)
— le respect de la vraisemblance:
«Jamais au spectateur n'offrez rien d'incroyable.
Le vrai peut quelquefois n'être pas vraisemblable.
Une merveille absurde est pour moi sans appas.»
(Ibid. P. 170)
— le respect de la bienséance «interne», qualité exigeant que l'œuvre se conforme à la raison de son genre:
«Mais souvent dans ce style un rimeur aux abois
Jette là de dépit la flûte et le hautbois,
Et follement pompeux, dans sa verve indiscrète,
Au milieu d'une églogue entonne la trompette.
De peur de l'écouter, Pan fuit dans les roseaux,
Et les nymphes d'effroi se cachent sous les eaux.
Au contraire, cet autre abject en son langage
Fait parler ses bergers, comme on parle au village.
Ses vers plats et grossiers dépouillés d'agrément
Toujours baisent la terre, et rampent tristement.»
(Ibid. P. 163)
— le respect de la bienséance «externe», qualité exigeant que l'œuvre se conforme à l'idée que le public peut raisonnablement se faire de sa tenue morale et esthétique:
«Ce qu'on ne doit point voir, qu'un récit nous l'expose:
Les yeux en le voyant saisiraient mieux la chose.
Mais il est des objets que l'art judicieux
Doit offrir à l'oreille, et reculer des yeux.»
(Ibid. P. 170)
— le recours au merveilleux là où la loi du genre le permet et l'exige, à savoir dans l'épopée, les autres genres étant soumis à la règle de la vraisemblance:
«Ainsi dans cet amas de nobles fictions,
Le poète s'égaye en mille inventions,
Orne, élève, embellit, agrandit toutes choses,
Et trouve sous sa main des fleurs toujours écloses.»
(Ibid. P. 173).

Précisons que l'auteur de l'«Art poétique» n'est point ce doctrinaire étroit que les romantiques découvriront en lui. Ce malentendu s'explique par le fait que trois générations d'écrivains mineurs transformeront, faute de génie, ses préceptes en recettes stériles. C'est oublier que Boileau exige d'abord la vocation, l'inspiration, le don de la création spontanée:
«C'est en vain qu'au Parnasse un téméraire auteur
Pense de l'art des vers atteindre la hauteur.
S'il ne sent point du ciel l'influence secrète,
Si son astre en naissant ne l'a formé poète,
Dans son génie étroit il est toujours captif.
Pour lui Phébus est sourd, et Pégase est rétif.»
(Ibid. P. 157)

Boileau ne veut donc pas encourager la médiocrité. Ses amis La Fontaine, Molière, Racine lui ont appris que le génie ne s'imite pas. En révélant partiellement les principes de leur métier, il n'inspire personne, mais il les fait comprendre au public cultivé.

**7. Les auteurs classiques veulent montrer l'essence de l'homme, l'homme éternel indépendant**
  – du milieu social,
  – des circonstances historiques,
  – des conditions nationales.
**Est-ce que les classiques ont atteint ce but? Est-ce que, aujourd'hui encore,**
  – nous souffrons avec les héros tragiques,
  – nous rions des personnages comiques,
  – nous sommes instruits par les fables et les réflexions des moralistes?
**Donnez des exemples pour ou contre cette thèse.**

**La tragédie,** le genre majeur du classicisme français, ne se relèvera jamais de la disparition de Racine. Du vivant même de Louis XIV, les pièces des grands tragédiens classiques ne passent plus la rampe. Les salles se vident, et le roi qui, en 1712, doit ordonner aux comédiens réticents de jouer plus de tragédies, ne fait que prolonger l'agonie du genre. Déjà, le public refuse de «souffrir» avec les héros tragiques dont les conflits ne lui inspirent pas beaucoup de «pitié» et aucune «terreur» (Aristote, selon Boileau). Voltaire qui essaie de ressusciter Racine en l'imitant, n'y réussit guère; et l'étranger suit Lessing qui, dans sa «Dramaturgie de Hambourg», procède à une exécution sommaire de la tragédie française: en obéissant à des règles absurdes et en présentant, dans une langue souvent guindée, des caractères artificiels, elle bafoue la raison et la nature. Pour Lessing, les modèles imparfaits de Corneille et de Racine sont incapables de dégager l'«essence de l'homme»; l'«homme éternel» est présenté par Shakespeare, poète incomparablement plus grand. Les romantiques, en mal d'esthétique révolutionnaire originale, s'en prennent bruyamment à la «doctrine» sclérosée des écrivains classiques et aussi à leur langue, «ce jargon gréco-gallique obligé de passer par la mémoire pour arriver au cœur, et tombé désormais en partage à la médiocrité». («La Muse française», organe du mouvement romantique. Citation d'après Gaëtan Picon: «Histoire des littératures III». Pléiade. P. 1112–3).

De nos jours, malgré une certaine «renaissance» théorique des tragédiens classiques, le courant passe mal entre la scène et le public. La Comédie-Française, en véritable musée du théâtre, continue de présenter des mises en scène académiques à un public de touristes et de lycéens auxquels on inflige le spectacle après la lecture. Peu familiers en général du «milieu social» et des «circonstances historiques» du XVII$^e$ siècle, les spectateurs modernes ont du mal à saisir la vérité humaine à travers le rideau sonore des alexandrins que le pathétique conventionnel des acteurs n'arrive pas à faire vivre.

Il y a pourtant des surprises heureuses: en 1951, Jean Vilar, directeur du «Théâtre National Populaire», renouvelle le triomphe du «Cid» dans une mise en scène mémorable. Seulement, ce sont les éléments anti-classiques de la pièce qui entraînent le public et enthousiasment la critique, et Rodrigue est joué par Gérard Philipe, héros «romantique» s'il en est.

**La comédie** de Molière est toujours vivante. Vaste tableau de la société française du XVII$^e$ siècle, elle est en même temps, et à plus forte raison que l'œuvre romanesque de Balzac, une «comédie humaine». C'est que les types de l'époque que Molière présente, sont doublés de caractères éternels dont chaque génération repère facilement parmi ses contemporains. Diafoirus, c'est le cuistre par excellence, Harpagon est synonyme d'avare, Tartuffe d'hypocrite, Argan d'hypocondre; M. Jourdain représente l'image type du parvenu ridicule; Monsieur de Pourceaugnac incarne la lourdeur provinciale, Toinette (ou Nicole, Martine, Dorine) le robuste bon sens du peuple, Magdelon le snobisme à la mode, Célimène la coquetterie éternelle. Des personnages plus complexes comme Alceste, magnanime et chagrin, et Dom Juan, impie spirituel, frappent, tels les héros des littératures russe, allemande, anglaise, par le caractère inachevé, énigmatique de leurs personnalités et provoquent ainsi, jusqu'à nos jours, des exégèses toujours nouvelles.

Molière veut faire rire et, en poursuivant ce but majeur, il se moque des pédants préceptes de l'esthétique classique. Il néglige volontiers les «règles» de la vraisemblance et de la bienséance, mais il se montre réaliste et imaginatif, quand il s'agit d'inventer et de camper des personnages. Pour les mettre en valeur, il applique des «recettes» comiques irrésistibles qui ne cèdent en rien à la farce la plus bouffonne.

Les mises en scène modernes, et même celles de la Comédie-Française, aiment accentuer cet aspect loufoque: la simplification et le grossissement des caractères et des situations sont souvent poussés jusqu'au délire. Evidemment, pour y arriver, il faut passer par l'expérience de l'absurde. A cet égard, Molière est plus moderne que ses imitateurs du XVIII$^e$ et du XIX$^e$ siècles.

**La fable et les moralistes.** Le manuel reproduit des extraits de l'œuvre de Pascal et de La Bruyère, auteurs qu'on appelle, par convention, «moralistes» (pour la définition de ce terme, cf. le manuel, texte 25). La Fontaine entre, lui aussi, dans cette catégorie, du moins partiellement: si son lyrisme, le jeu d'une imagination poétique libre semblent l'en écarter, la précision de l'observation et la lucidité du jugement l'y ramènent.

Les réflexions — sur les mœurs, la nature et la condition humaine — dont ces trois écrivains nous font part, sont-elles toujours «valables», seraient-elles dépassées par l'évolution?

Dans le premier cas, la réponse est facile. Un observateur critique de la société contemporaine, tel Bernanos (cf. texte 10), ne saurait que confirmer les résultats de l'opération dialectique de Pascal. Plus que jamais, le «bonheur» semble être un problème de quantité, la soi-disante «qualité de vie» se réduisant, en fait, aux attributs extérieurs du rang social auquel on aspire. Travailler dans ce sens, c'est s'exposer au «stress» quotidien dont les mauvais effets, physiologiques et psychologiques, sont manifestes (1$^{er}$ mouvement). Un demi-sage, tel l'interlocuteur fictif, pourrait proposer alors une politique de «détente créatrice», une «formule» de «loisirs personnels» capable de confronter l'homme avec lui-même (2$^e$ mouvement). La belle avance! Paniqué, le patient ainsi torturé redemanderait à grands cris la drogue dont l'«animal économique» (Bernanos) a besoin pour refouler la hantise d'une mort absurde (3$^e$ mouvement).

Pascal qui, lui, est doté de la nonchalance cynique de l'«animal religieux» sûr de son pari, n'éprouve évidemment que mépris pour l'«ordure» humaine.

Le «matériel humain» condamné à l'efficacité, voilà l'image que Bernanos, moraliste moderne, substitue au concept de Pascal. Elle est encore plus pessimiste: Si le «divertissement» du XVII$^e$ siècle dépend plus ou moins du libre choix de l'homme, il est aujourd'hui mécanique, programmé par une civilisation technique qui norme jusqu'aux consciences.

En contrefaisant avec virtuosité la fable de La Fontaine (cf. les textes 22 et 23), l'auteur d'«Antigone» semble vouloir corriger brutalement la «morale» utilitaire qui s'en dégage. Il n'est pas le premier à le faire: Rousseau et Lamartine, eux aussi, s'en prennent à l'«immoralité» de La Fontaine, vitupèrent le triomphe de l'égoïsme, de la méchanceté rusée, de la cruauté que les fables ont l'air d'enseigner. C'est méconnaître l'intention du poète qui se garde bien de donner des préceptes: moraliste, il n'est pas moralisateur. Il se contente de regarder la société pourrie par l'intérêt, et il la décrit. Pourrait-on lui reprocher qu'il ne se sente pas la vocation d'un révolutionnaire, d'un redresseur de torts? Il est vrai que, courtisan paresseux et sceptique, il a intérêt à respecter les convenances. Une attitude d'Antigone lui coûterait le confort matériel et intellectuel qu'il lui faut pour produire. Comme Hegel (cf. texte 24), La Fontaine est convaincu de l'ambiguïté foncière du monde, mais au lieu d'en «déduire plusieurs enseignements qui ne s'accordent pas toujours entre eux» — à moins, bien sûr, qu'on ne se serve de la dialectique —, il laisse souvent au lecteur l'embarras du choix. De cette façon, il l'«instruit» peut-être mieux que le prédicateur d'une morale positive pourrait le faire, un «coup de poing» idéologique asséné «sur l'œil» ne contribuant pas beaucoup à la formation intellectuelle et morale de celui qui l'encaisse; il ne le fera que loucher.

Pour Lanson, La Bruyère «atteint mieux l'homme du XVII$^e$ siècle que l'homme, et mieux encore les divers types dans lesquels se résout l'homme du XVII$^e$ siècle». L'intérêt des «Caractères» serait-il donc purement historique?

Evidemment, le type de Titius (cf. texte 25) qui est à la fois égoïste, émotif, sentimental, imaginatif, léger et frivole, ne court plus les rues. De nos jours, un comportement analogue, dans une situation pareille, serait peu croyable: l'homme moderne a désappris l'usage des larmes, par exemple, alors que l'«honnête homme», tout comme le héros antique, ne ressent aucune honte à extérioriser son dépit en pleurant. On dirait que la société d'une époque déterminée impose un comportement standard aux membres de ses différentes classes, comportement qu'une autre génération considère assez souvent comme extravagant. Il est vrai

qu'à cet égard, les «Portraits» sont inégaux: la caricature la plus outrée côtoie la description discrète et pertinente, réaliste à travers les époques. N'empêche que la véridicité n'est pas la qualité saillante de La Bruyère; il la sacrifie volontiers à l'effet stylistique recherché.
Si l'œuvre de La Bruyère contient une «leçon», c'est l'examen de sa méthode qui la dégage. C'est peut-être lui le premier qui applique la «science du comportement» en littérature. En récitant avec minutie la «grammaire du corps» (physionomie, gestes, attitudes, vêtements, langage), il fait ressortir les réactions psychologiques, mais il laisse au lecteur le soin de composer le «caractère». L'art de La Bruyère, c'est aussi le refus de l'abstraction facile.

8. **Montrez que les personnages des classiques ont la qualité de types ou de symboles (Don Rodrigue, Andromaque, Harpagon).**

12. **Faites un portrait** (cf. t. I, p. 131)
    — **de Don Rodrigue,**
    — **d'Andromaque,**
    — **d'Harpagon**
    **d'après les indications que vous trouvez dans les textes choisis.**

### Don Rodrigue
L'analyse des «stances» (texte 15) permet de dégager l'évolution des sentiments du héros et, partant, de faire ressortir son portrait moral.
Rodrigue se rend compte de son dilemme: il peut venger son père et perdre ainsi l'amour de Chimène; il peut aussi renoncer à la vengeance et perdre ainsi l'estime de la femme aimée; il peut, enfin, se suicider, mais cette possibilité est tout de suite rejetée: elle ne résiste pas à l'examen de la raison puisqu'elle ne résout pas le problème. Le conflit psychologique provient donc des appels contradictoires de l'honneur et de l'amour; il en résulte un déchirement sentimental qui ne facilite pas la solution héroïque que Rodrigue choisira finalement. La décision une fois prise, le héros a honte de ses hésitations: réparer l'outrage fait à sa famille est son devoir filial et en même temps le commandement de la logique la plus élémentaire.
Le personnage du Cid est «typique» parce que ses dispositions individuelles n'entrent pour rien dans sa décision. La personnalité du héros modèle se constitue «objectivement»: s'il est volontaire, il ne réagit pas de façon arbitraire pour autant; sa volonté fonctionne infailliblement en vertu de la raison. Ceci ne veut pas dire que ses passions soient faibles. Seulement, il les canalise, il les fait obéir à la convention idéalisée qu'est le respect de la dignité de l'homme supérieur.

### Andromaque
La scène reproduite (texte 16) fait culminer le conflit intérieur de l'héroïne qui est déchirée entre l'amour maternel et la fidélité au souvenir du mari. Mais contrairement au héros de Corneille (cf. texte 15), elle reporte la décision: ce n'est qu'après s'être recueillie sur le tombeau d'Hector qu'elle révélera son «innocent stratagème» (cf. la première scène de l'acte 4): elle épousera Pyrrhus pour «l'engager à mon fils par des nœuds immortels» (ibid.), mais elle se donnera la mort tout de suite après le mariage. Andromaque refuse donc de trancher son dilemme; son suicide ne fera que le perpétuer. Il est vrai que le développement inattendu de l'action exclura cette issue, mais la construction artificielle que prévoit l'héroïne est caractéristique de l'aporie dans laquelle elle est enfermée. Il n'y a pas de solution rationnelle à son problème.
Evidemment, Andromaque est bien moins «typique» que Rodrigue. Si la fidélité de l'épouse et l'amour de la mère sont les principes constants de sa stratégie, sa tactique manque de clarté. Certains critiques (Nisard, Sarcey, Lemaître, Mornet) vont jusqu'à qualifier de «coquetterie vertueuse» son attitude envers Pyrrhus: «...elle découvre en elle-même les coquetteries instinctives qui apaisent et leurrent un homme» (Daniel Mornet: «Histoire des grandes œuvres de la littérature française». 1925. P. 80).
D'autres critiques (Jacoubet, Hanse, Vinaver) rejettent cette interprétation frivole: «Il faut bien constater que, si elle avait le souci de plaire à Pyrrhus, Andromaque éviterait de le froisser en évoquant (...) le souvenir d'Hector» (M. J. Hanse: Etudes classiques. Janvier 1938).
Si de telles discussions ne tranchent pas le problème, elles prouvent au moins que le personnage se soustrait au cliché. A moins qu'on n'ait recours à celui de l'«éternel féminin» impénétrable par définition.

**Harpagon**
L'action de l'«Avare» est faible: la pièce est mal charpentée et son dénouement est absurde. Les intrigues amoureuses dégagent l'ennui. Les caractères secondaires inspirent l'antipathie: le double jeu de Valère est à peine spirituel; Elise se montre tantôt précieuse, tantôt insolente, et le comportement de son frère Cléante est tout simplement odieux. Mariane est honnête et douce, mais elle manque dangereusement d'énergie.
Malgré tous ces défauts, la pièce tient bon. Son succès est garanti d'avance par son unique ressort: le caractère d'Harpagon. Il est vrai qu'il peut déconcerter. D'une part, c'est l'avare traditionnel qui, trait classique, enterre son or; d'autre part, il pratique l'usure et prend donc des risques de commerçant. Pour comble, il se paie le luxe d'être amoureux. Mais c'est bien une passion secondaire: l'avare n'hésite pas à sacrifier Mariane à sa cassette.
Ce n'est peut-être que dans son monologue délirant (cf. la scène sept de l'acte IV) qu'Harpagon extériorise le tréfonds de sa personnalité usurpée par le vice, mais il y a d'autres scènes qui préparent cette apothéose de l'avarice; la scène à analyser en fait partie. Son procédé marquant est la répétition quasi automatique de l'argument suprême («Sans dot») qui balaie les objections de la raison dont Valère se fait l'interprète intéressé. Mais l'avare est d'ores et déjà inaccessible à des considérations d'ordre humain. Mentalement bloqué par sa passion, il a perdu le sens de la réalité psychologique. Ayant réduit le clavier des sentiments à une seule touche, il en use imperturbablement à chaque occasion, et cette disproportion, rendue mécanique, entre les différentes causes et l'effet unique fait rire. Mais ce rire est mécanique aussi: en se moquant, pour la forme, d'un monstre, on refoule la peur que pourrait inspirer l'extrême déchéance d'un être humain devenu robot.
Harpagon est le monument de l'avare.

## 9. Enumérez les genres traditionnels et indiquez brièvement leur fonction.

**La tragédie,** le «grand genre» du siècle, suit plus ou moins fidèlement le modèle antique: elle présente le destin exceptionnel d'un être d'élite — mythologique ou historique — voué fatalement à une fin malheureuse. L'action est censée exciter la pitié et la terreur des spectateurs qui, en plus, sont invités à retenir la leçon édifiante qu'elle dégage. Au XVIIe siècle, ce modèle est copieusement commenté par les poètes et les théoriciens de l'époque. Citons à titre d'exemple.
— l'abbé d'Aubignac dont la «Pratique du théâtre» (1657) recommande aux dramaturges la stricte obéissance aux «règles» commandées par la vraisemblance et le réalisme psychologique;
— Corneille qui, dans ses trois «Discours» (1660) sur les principes et la technique du théâtre, se montre révolutionnaire
— — en sacrifiant la «fatalité» antique à la souveraineté de la volonté
— — en défendant l'«invraisemblance» si elle sert à mettre en relief les caractères hors commun de ses héros
— — en assouplissant les règles des «unités» capables de compromettre la vérité psychologique des personnages;
— Boileau dont l'«Art poétique» (1674) ne fait que codifier, dans la partie réservée à la tragédie, la pratique théâtrale de son ami Racine: il faut plaire (Racine ajouterait: et toucher) en éveillant, par un sujet triste, la pitié et la terreur des spectateurs; il faut procéder à une présentation claire, directe, rapide de l'action; il convient de respecter les trois unités, la vraisemblance et la bienséance sans pour autant porter atteinte à la vérité historique et psychologique. Il est vrai que Boileau n'insiste pas particulièrement sur la fatalité, premier ressort de la tragédie antique que Racine adapte de façon originale à la psychologie de son temps: la catastrophe ne résulte plus uniquement de l'enchaînement inéluctable d'événements provenant d'une malédiction céleste ou d'une puissance humaine étrangère, mais aussi et surtout de la passion dévorante du héros à laquelle il finit par succomber.

**La comédie,** d'après la définition traditionnelle une pièce de théâtre qui fait rire en présentant les ridicules des caractères et des mœurs d'une société, est dominée, au XVIIe siècle, par le génie solitaire de Molière. Si l'«Art poétique» semble préférer la finesse du poète grec Ménalque au comique savoureux de Molière, c'est que Boileau se pose en arbitre du goût classique: selon lui, les effets grossiers de la farce avilissent un genre qui, par l'exigence de ses principes (imitation de la nature, vérité dans la peinture des caractères et des mœurs), pourrait rivaliser avec la tragédie. Heureusement, Molière se soustrait à toute consigne doctrinaire. S'il écrase ses pâles imitateurs qui, en plus, croient le dépasser en suivant à la lettre les bréviaires poétiques, c'est qu'il a l'instinct de l'effet, indépendamment d'une intention secondaire, didactique ou esthétique. Peu soucieux de l'invention et de la conduite de l'intrigue, il excelle dans la critique des mœurs et dans la création de caractères. C'est ainsi qu'il façonne le type de la comédie européenne.

**Le roman** du XVIIe siècle présente, grosso modo, trois aspects divers:
*Le roman idéaliste* correspond au goût sentimental de l'époque. Pastoral comme «L'Astrée» (1607–1633) d'Honoré d'Urfé et de Baro, chevaleresque comme «Le grand Cyrus» (1648–1653) et «Clélie» (1654–1661) de Mademoiselle de Scudéry, il satisfait le désir d'évasion de générations de lecteurs las d'une réalité contrariante. Son action (aventures et combats héroïques en série, malentendus incroyables, intrigues amoureuses extrêmement compliquées) est tout ce qu'il y a de factice, mais sa qualité psychologique est appréciable: les auteurs explorent à fond les sentiments et notamment l'amour dont l'expression platonicienne est considérée comme l'idéal suprême de la société courtoise.
*Le roman trivial* réagit à sa manière contre les excès de l'idéalisme précieux. Satirique et caricatural comme l'«Histoire comique de Francion» (1623–1633) et le «Berger extravagant» (1627) de Charles Sorel, burlesque mais fidèle au détail réaliste comme le «Roman comique» (1651–1659) de Scarron, il présente une petite société d'aventuriers minables, de grippe-sou et de crève-la-faim, de filles et de sordides entremetteuses, de gratte-papier besogneux et de cabotins miséreux qui, évidement, pensent plus à leur ventre qu'à la «carte du tendre». Certes, ce type de roman n'est pas «réaliste» au sens moderne du terme: il aligne une série de bouffonneries invraisemblables qui n'ont qu'une seule raison d'être: faire rire; mais, en contrebalançant l'idéalisme romanesque, il rétablit l'équilibre de la représentation littéraire du siècle.
*Le roman classique* est illustré par le chef-d'œuvre qu'est «La princesse de Clèves» (1678) de Madame de la Fayette. D'inspiration précieuse pour la composition, l'invention dramatique et le climat psychologique de l'action, ce roman innove sur le plan esthétique et moral: on dirait qu'il élève le genre au niveau de la tragédie de Corneille et de Racine en empruntant au premier la conception du conflit tragique entre le devoir et la passion, au deuxième la technique de l'introspection lucide et la recherche d'un style sobre, clair, dépouillé de tout ornement étranger au sujet.

**La poésie** revêt des formes multiples. Dans le chant II de son «Art poétique», Boileau définit les «petits genres»: l'idylle, l'élégie, l'ode, le sonnet, l'épigramme, le rondeau, la ballade, le madrigal, la satire, le vaudeville et la chanson. D'un emploi courant chez les poètes de la Pléiade, bon nombre de ces formes poétiques sont illustrées, revues et corrigées par Malherbe (1555–1628) qui est poète et théoricien à la fois. Son influence s'exerce sur la poésie galante (Voiture, Gombauld, Malleville, Godeau, Benserade) et, d'un moindre degré, sur la poésie épique (Chapelain, Desmarets, Scudéry). Son admirateur le plus influent est un écrivain congénial, Boileau lui-même, auteur d'«épîtres» et de «satires» célèbres et qui, dans l'«Art poétique», le salue comme sauveur («Enfin Malherbe vint») de la poésie menacée d'anarchie. Il est étonnant cependant que l'auteur de l'«Art poétique» passe sous silence le talent lyrique le plus éclatant du siècle, La Fontaine, dont les «Fables» sont restées vivantes jusqu'à nos jours.

## 10. Les trois unités: arguments pour et contre

**L'unité d'action:** L'intérêt d'une pièce de théâtre doit être concentré sur l'action principale, ceci en vue d'un dénouement logique qui liquide le conflit et qui règle la situation des personnages.
Même les romantiques, champions de la liberté dans l'art, défendent l'unité d'action, la seule «vraie et fondée» (Victor Hugo). Mais «unité d'action» signifie action unifiée et non pas action unique. Même la tragédie de Racine, célèbre pour sa simplicité, ne se passe pas d'une ou de plusieurs intrigues secondaires qui soutiennent, expliquent, font progresser l'intrigue principale. Conçue ainsi, cette unité est inattaquable, à moins qu'on ne la bannisse de la scène en même temps que la raison tout court, considérée comme incompatible avec une condition humaine régie par l'absurdité.

**L'unité de temps:** L'action doit être courte et n'occuper qu'une durée de vingt-quatre heures. Cette limitation remonte à Aristote qui observe que le temps de la tragédie ne dépasse pas une «révolution du soleil». Défenseurs et critiques de l'«unité de temps» s'entre-attaquent au nom de la «vraisemblance», notion ambiguë que, bien sûr, ils interprètent différemment. Pour les premiers, l'action doit être rapide, et, dans ce cas, elle est «vraisemblable» si la durée réelle de la représentation se rapproche de la durée fictive des événements représentés. Pour les autres, une action comme celle du «Cid» est tout à fait invraisemblable si elle doit se dérouler en 24 heures: il n'est guère possible de nouer et de dénouer le conflit dramatique dans un laps de temps tellement restreint. Aussi les romantiques rejettent-ils sans ambages cette contrainte; peut-être pèchent-ils par le vice contraire: l'action d'«Hernani» s'étale sur plusieurs mois, mais le spectateur ne suit pas aisément les péripéties d'une intrigue que sa durée ne rend pas plus «vraisemblable». De nos jours, on assiste même à un certain regain en faveur de l'«unité de temps», et le point de vue de Vaillant, conception modérée (cf. le manuel: Les règles générales de la doctrine classique), est partagé par bon nombre de dramaturges modernes et jusqu'aux «absurdistes». Il faut que le «temps additionné» vécu soit scéniquement restructuré et comprimé dans le «temps organisé» du drame, si le spectateur doit suivre, en se concentrant sur l'essentiel, l'évolution de l'action.

**L'unité de lieu:** Il est naturel que la limitation du temps motive celle du lieu: une action courte ne saurait que difficilement se dérouler dans des lieux épars. Un décor neutre, servant de lieu général unique à tous les actes, présente aussi d'incontestables avantages techniques à la mise en scène: le XVIIe siècle ne connaît pas encore la scène tournante. On a aussi avancé l'argument que le changement du décor pourrait détourner l'attention du public. Il ne tient pas debout: un tableau suggestif est capable d'exprimer — mieux parfois que le texte lui-même — l'intentionalité manifeste ou secrète de la pièce ou de la mise en scène.

11. **Faites un résumé**
    - du «Cid»
    - d'«Andromaque»
    - de «l'Avare» (au choix).

### «Le Cid»
Rodrigue, fils de Don Diègue, aime Chimène, fille de Don Gormas, homme arrogant qui insulte Don Diègue. Rodrigue venge son père: il provoque Don Gormas et le tue. Chimène demande au roi la mort du meurtrier, bien qu'elle continue à aimer et à estimer Rodrigue qui n'a fait que son devoir: c'est qu'elle aussi considère que venger son père fait partie de son devoir. Les Maures tâchent de prendre la ville par surprise. Rodrigue se met à la tête d'une troupe improvisée de défenseurs et remporte une victoire éclatante. Le roi pardonne au vainqueur la mort de Don Gormas, mais pour rendre justice à Chimène, il autorise un duel entre Rodrigue et Don Sanche, champion de Chimène. Le «Cid», généreux, se contente de désarmer Don Sanche. Le roi laisse espérer le prochain mariage de Rodrigue et de Chimène.

### «Andromaque»
Au nom des Grecs, Oreste réclame à Pyrrhus, roi d'Epire, Astyanax, fils d'Hector et d'Andromaque, élevé à la cour de Pyrrhus. Oreste veut aussi enlever Hermione qu'il aime et qui, fiancée à Pyrrhus qu'elle aime, attend en vain que celui-ci se décide à l'épouser. Pyrrhus refuse de livrer Astyanax: il aime Andromaque qui, elle, reste fidèle au souvenir de son mari mort, et il la met devant un choix pénible: ou bien elle acceptera son amour et son fils sera sauvé, ou bien l'enfant sera livré aux Grecs qui le tueront. Après bien d'hésitations qui font tour à tour la joie ou le désespoir d'Oreste, d'Hermione, de Pyrrhus qui s'abandonnent à leurs passions respectives, Andromaque prend le parti d'épouser Pyrrhus et de se suicider tout de suite après le mariage. Hermione, déçue et furieuse, demande à Oreste la mort de Pyrrhus. Pyrrhus meurt sous les coups des Grecs, Hermione se tue sur son corps, Oreste s'abandonne à la folie.

### «L'Avare»
Harpagon a deux enfants: Elise qui aime le gentilhomme Valère qui s'est introduit dans la maison comme intendant, et Cléante qui aime Mariane, jeune fille pauvre. Leurs projets de mariage sont contrariés par leur père qui veut épouser lui-même Mariane et marier sa fille au vieux seigneur Anselme qui l'accepte sans dot, et son fils à une veuve riche. Cléante, à court

de moyens, recourt à un usurier particulièrement sordide qui ne se révèle être que son père lui-même. L'intrigante Frosine qui s'entremet pour le mariage d'Harpagon, échoue dans son projet personnel de «traire» Harpagon qui, lui, fait preuve d'une avarice incroyable. Malgré le secours de Frosine qui passe du côté des enfants, ceux-ci se voient de plus en plus frustrés dans leurs projets: Harpagon fait semblant de renoncer à Mariane, et Cléante, donnant dans le piège, lui avoue son amour. Son père le maudit et le chasse. Mais Harpagon est sévèrement puni: le valet de Cléante a dérobé la cassette remplie d'or de l'avare qui, désespéré, hurle de douleur. Valère, accusé du vol, arrive difficilement à se tirer d'une série de quiproquos: le «trésor» qu'il a bien pris au vieux, n'est point la cassette, c'est Elise. L'ordre est rétabli par le seigneur Anselme qui n'est autre que le père de Mariane et de Valère. Il marie ses enfants aux personnes qu'ils aiment et il contente Harpagon en se chargeant de tous les frais. Tout heureux de récupérer sa cassette, Harpagon renonce à ses projets de mariage.

12. Cf. 8.

## II. Connaissance du vocabulaire

**Le sens des mots suivants que vous trouvez dans les textes classiques a changé depuis le XVII⁰ siècle; donnez-en la signification en français moderne:**

**d'aventure** (texte 22): par hasard.
**le bon sens** (textes 7 et 11): la capacité de bien juger, sans passion, en présence de problèmes qui ne peuvent être résolus par un raisonnement scientifique («Petit Robert»).
**discourir** (texte 7: discours): développer méthodiquement un sujet.
**étrange** (texte 15): hors du commun, difficile à comprendre.
**le feu** (texte 15): développement simultané de chaleur et de lumière, produit par la combustion («Petit Larousse»); les acceptions métaphoriques du mot sont toujours nombreuses, cf. les expressions «le feu de la colère», «un tempérament de feu», «être tout feu tout flamme», «parler avec feu», etc.
**généreux** (texte 15): charitable, large, libéral.
**infâme** (texte 15): dégradant, honteux, odieux.
**la maîtresse** (texte 15): le mot est aujourd'hui le plus souvent employé pour désigner une femme qui s'est donnée à un homme sans être son épouse.
**mander** (texte 27): appeler, convoquer (langue administrative et juridique).
**plaisant** (texte 11): qui plaît, qui procure du plaisir.
**sublime** (texte 11): élevé, noble, admirable, parfait.

## III. LE XVIIIe SIÈCLE: LE SIÈCLE DES LUMIÈRES
Textes 29—50

### I. Connaissance de la matière

1. La production littéraire au XVIIIe siècle. En analysant le graphique (p. 149),
a) montrez quel rapport il y a entre le recul des livres de théologie, d'une part, et la progression des livres scientifiques, d'autre part;
b) montrez comment l'esprit rationaliste du siècle se reflète dans la prédilection pour ou l'aversion contre certains genres littéraires;
c) expliquez l'intérêt grandissant qu'on porte à l'histoire;
d) montrez comment le développement d'une ‹opinion publique› s'exprime dans la production littéraire;
e) essayez d'expliquer le rapport numérique entre les livres purement littéraires («belles-lettres») et les livres scientifiques et pratiques.
f) Est-ce que vous pouvez établir un rapport entre l'évolution quantitative de certains secteurs de la production littéraire, d'une part, et l'explosion démographique (cf. p. 87—88), d'autre part?

a) En édition, la théologie est la grande perdante du siècle. Entre 1723 et 1727, un tiers de la production totale lui appartient encore; entre 1750 et 1754, elle se fait disputer la première place par les Belles-Lettres et les Sciences et les Arts, les trois disciplines occupant alors chacune à peu près le quart de la production; et entre 1784 et 1788, c'est-à-dire, à la veille de la révolution, elle fait figure de lanterne rouge (avec, il est vrai, le Droit, mais qui, en revanche, est en progression constante) dans un classement où ses pauvres dix pour cent semblent marquer son essoufflement définitif derrière les concurrentes plus heureuses que sont l'Histoire (20%) et les Belles-Lettres (30%). Celles-ci partagent la première place avec les Sciences et les Arts (30% aussi) qui, après des débuts relativement modestes (20% de la production littéraire entre 1723 et 1727) prennent un essor remarquable au cours de la deuxième moitié du siècle, ceci surtout au détriment de la théologie.
A cela, plusieurs raisons:
— Encore du vivant de Louis XIV, l'indifférence religieuse gagne de larges parties de l'aristocratie et du monde des lettres dominé par la bourgeoisie émancipée. Le peuple et la petite-bourgeoisie restent encore longtemps fidèles aux dogmes, mais ils ne s'expriment guère littérairement.
— L'imposante production théologique du premier tiers du siècle est paradoxalement un signe de crise plutôt que de stabilité: au lieu de s'unir contre l'offensive du scepticisme, jésuites et jansénistes s'entre-déchirent à coups de plume et finissent par lasser leurs lecteurs dégoûtés surtout par la stérilité des arguments polémiques qu'on leur répète sans cesse. Voltaire, railleur, propose, dans une lettre à Helvétius, d'«étrangler le dernier jésuite avec les boyaux du dernier janséniste». C'est finalement lui-même, le symbole de l'antichristianisme militant, qui fera l'unité de ses adversaires en s'exposant comme principale cible à la contre-attaque de l'«anti-philosophie». Parmi les 900 traités de défense religieuse qu'on compte entre 1715 et 1789 (90 en 1770), nombreux sont ceux qui s'en prennent directement à sa personne sans jamais égaler d'ailleurs sa verve combative.
— L'engouement pour les sciences remonte à Descartes qui, sans s'attaquer franchement au dogmatisme chrétien, remet en doute la foi inconditionnelle en l'autorité établie. Pour lui, la découverte des lois scientifiques s'opère principalement par la déduction logique. Tout en rejetant cette méthode inapplicable, savants et chercheurs du XVIIIe siècle aiment recourir à l'immense renommée du philosophe pour assurer à leurs publications la faveur générale.

— La portée de quelques inventions capitales telles que le télescope et le microscope ne se révèle pleinement qu'au XVIIIe siècle. L'astronomie d'observation et l'étude de l'«infiniment petit» deviennent ainsi des sciences à la mode. Gentilhommes et bourgeois aisés entretiennent des «cabinets» de physique ou de «curiosités» d'histoire naturelle. De grands esprits tels que Montesquieu ne dédaignent pas d'analyser des problèmes de pesanteur, d'acoustique, de physiologie. D'Alembert fait de la dynamique un succès de salon, et l'abbé Nollet, par des essais spectaculaires, fait découvrir à des foules curieuses les effets de l'électricité.

— Ce que ces expériences et encore des centaines d'autres ont d'aléatoire, de spéculatif, quelquefois de charlatanesque, n'empêche quand même pas qu'un public de plus en plus large s'y intéresse passionnément. Il en résulte une soif de savoir qu'une petite armée de vulgarisateurs plus ou moins sérieux met à profit. Un des plus grands succès «scientifiques» et populaires du siècle est le «Spectacle de la nature» (9 volumes en 1732) de l'abbé Pluche. C'est un monument de la naïveté bien-pensante: l'auteur y expose par exemple gravement la théorie que Dieu a créé les marées pour faciliter l'accès des ports aux bateaux; il soutient encore que les hautes montagnes ont comme raison d'être principale d'inspirer aux hommes l'horreur du péché. Les documents scientifiques les plus significatifs de l'époque sont cependant l'«Histoire naturelle» de Buffon (36 volumes entre 1749 et 1788) et surtout l'«Encyclopédie ou dictionnaire raisonné des sciences, des arts et des métiers» (17 volumes entre 1751 et 1772), œuvre monumentale qui, combinant la méthodologie de la science anglaise (Bacon, Newton, Locke) et les préceptes généraux de la pensée cartésienne, fait preuve d'un rationalisme expérimental auquel appartiendra l'avenir de la science.

b) Dans le domaine des Belles-Lettres, la plupart des genres traditionnels déclinent.
C'est le cas de l'**épopée** que Voltaire cherche vainement à faire revivre avec «La Henriade» (1728) et «La pucelle d'Orléans» (1755). Il doit reconnaître que le genre ne se prête plus à l'esprit rationaliste contemporain qui accepte particulièrement mal les inventions hardies exigées par la force motrice du genre qu'est le «merveilleux».
C'est le cas de l'**ode** qui continue d'être illustrée par Jean-Baptiste Rousseau, Ecouchard Lebrun, Pompignan, Gilbert, mais dont l'exagération conventionnelle, procédé caractéristique du genre, est de moins en moins prisée du public acquis à la sobriété pertinente des «philosophes».
Il en est de même pour la **fable** qui ne se remet pas de la disparition de La Fontaine. Ses imitateurs (La Motte-Houdar; l'abbé Aubert) s'efforcent en vain d'accrocher les lecteurs pourtant férus de didactique. Plus tard, Florian (1755–1794), fabuliste que du moins les manuels de classe sauveront de l'oubli, ne démentira pas non plus le fait acquis qu'un génie, tel La Fontaine, peut couper l'herbe sous les pieds de tous ceux qui s'aventurent dans un domaine restreint qu'il a quasiment monopolisé.
De façon générale, la poésie s'étiole au siècle des «philosophes». **Madrigaux, épigrammes, épîtres, satires** divertissent encore la clientèle mondaine des «salons», mais cet art d'agrément souvent frivole reste sans lendemain. Les grands écrivains de l'époque s'en détournent délibérément. La supériorité de la prose sur la poésie semble acquise. «Que serait-il si l'on venait à découvrir ... qu'il y a de la puérilité à gêner son langage uniquement pour flatter l'oreille, et à le gêner au point que souvent on en dit moins ce qu'on voulait, et quelquefois autre chose?» (Fontenelle, Traité sur la poésie). Il faut attendre la fin du siècle, époque imprégnée de sensibilité préromantique pour voir renaître, dans les **élégies** et les **bucoliques** d'André Chénier (1762–1794) une inspiration lyrique généreuse et susceptible d'entraîner lecteurs et critiques.
La **tragédie**, le «grand genre» classique, mais moribonde déjà du vivant de Louis XIV, prolonge son agonie. Une fois de plus, Voltaire échoue dans la tentative de sauver une partie prestigieuse du patrimoine littéraire national. Gardant Racine comme modèle, respectant les «unités» et les «bienséances», il compose des pièces bien structurées, mais assez stériles en psychologie. Plus hardi, Crébillon (1674–1762) imite Shakespeare en accumulant les atrocités sur la scène, mais cela ne lui vaut qu'un succès de curiosité.
La **comédie**, en revanche, tient bon. Les auteurs mineurs (Regnard, Dancourt, Piron, Gresset) exploitent les recettes infaillibles de Molière, tandis que deux grands innovateurs, Marivaux (1688–1763), psychologue raffiné, et Beaumarchais (1739–1799), critique

caustique de la société prérévolutionnaire, se taillent, avec des procédés bien différents, des succès considérables. Celui de Marivaux peut étonner: l'esprit généralisateur du temps n'abhorre-t-il pas la préciosité des sentiments nuancés? Il est vrai que Marivaux, à son époque, passe vite de mode; les romantiques le redécouvriront. Figaro, lui, acquiert une actualité intemporelle: rien de tel que son gros bon sens pour démolir les monuments de l'injustice que sont les privilèges d'une classe parasitaire.

Diderot lance le **drame,** croyant ainsi satisfaire le goût du siècle pour la réalité vécue. Il lui propose donc les leçons édifiantes qui se dégagent d'une existence bourgeoise exemplaire: le «genre sérieux» exalte la vertu et les devoirs de l'homme tour à tour réconforté par les agréments et frappé par les malheurs domestiques. Le public cultivé, lassé de la stricte séparation des genres censée stérile, accueille avec bienveillance l'esthétique de «cette espèce de drame, où les traits les plus plaisants du genre comique sont placés à côté des traits les plus touchants du genre sérieux, et où l'on saute alternativement d'un genre à l'autre...» (1757: «Troisième entretien sur le fils naturel». Pléiade. P. 1246), mais il se lasse encore plus vite de la fadeur déclamatoire des productions littéraires (1757: «Le fils naturel», 1758: «Le père de famille») qui se mettent en devoir d'illustrer le genre. Une des rares réussites du drame bourgeois est «Le philosophe sans le savoir» (1765) de Sedaine, homme de théâtre qui connaît mieux que Diderot les ficelles du métier.

Le **roman,** genre difforme s'il en est, serait-il plus approprié aux aspirations du siècle? Censé «facile», il bénéficie de l'alphabétisation croissante de la population, mais les grands esprits ne le boudent pas non plus, comme cela était le cas à l'époque classique. Boileau ne voulait-il pas mettre à la porte son valet pour avoir introduit un roman de Lesage (1707: «Le diable boiteux») dans le domicile du maître? (Cf. Etiemble: «Romanciers du XVIIIe siècle». Pléiade I. P. 7). Montesquieu (1721: «Les lettres persanes»), Voltaire (1759: «Candide»), Diderot (1762: «Le neveu de Rameau»), Rousseau (1761: «La nouvelle Héloïse») rivalisent avec les spécialistes du genre que sont l'abbé Prévost (1731: «Histoire du chevalier des Grieux et de Manon Lescaut»), Crébillon fils (1738: «Les égarements du cœur et de l'esprit»), Louvet (1787: «Une année de la vie du chevalier de Faublas») et les écrivains dont la gloire s'appuie notamment sur la réussite d'une seule œuvre: Duclos (1741: «Les confessions du comte de***»), Cazotte (1772: «Le diable amoureux»), Restif de La Bretonne (1775: «Le paysan perverti ou les dangers de la ville»), Vivant Denon (1777: «Point de lendemain»), Choderlos de Laclos (1782: «Les liaisons dangereuses»), Bernardin de Saint-Pierre (1788: «Paul et Virginie»). Comme ces œuvres sont d'une inspiration extrêmement diverse, il est difficile d'expliquer leur succès indistinctement par «l'esprit rationaliste» de l'époque. Il est vrai que, de façon générale, le roman se dépouille de sa tradition idéaliste classique, encore que Marivaux (1731–41: «La vie de Marianne») prolonge l'esprit précieux; la sensibilité, sinon la sensiblerie, de Rousseau et de Bernardin de Saint-Pierre annonçant déjà le romantisme. La veine comico-réaliste s'habille à l'espagnole dans le roman picaresque de Lesage, précédant ainsi l'exotisme que Montesquieu et Voltaire mettront à la mode. L'aspect licencieux d'une époque qui s'enorgueillit de son amoralisme émancipateur, est illustré par Crébillon fils (1745: «Le sopha»), Diderot (1748: «Les bijoux indiscrets») et, de façon incomparablement plus raffinée, par Choderlos de Laclos.

Le côté «lumières» du siècle trouve cependant son expression la plus efficace dans ces courts romans qu'on a l'habitude d'appeler «contes philosophiques» (Voltaire: 1747: «Zadig», 1752: «Micromégas», 1759: «Candide», 1767: «L'ingénu»). Romans à thèses, pamphlets plus ou moins déguisés, ces œuvres défendent brillamment la cause des «philosophes» réformateurs ou révolutionnaires en face d'une société pervertie. Elle est attaquée avec les moyens de l'ironie, de la satire, du paradoxe pour que tout le monde se rende compte de l'absurdité de ses institutions religieuses, politiques, sociales, et ceci se fait au nom du bon sens le plus simple qui concrétise la raison absolue.

c) Au milieu du siècle, on publie deux fois plus de livres de théologie que de livres d'histoire. Une génération plus tard, la relation est inverse. (Cf. le graphique.)
Bossuet a fixé des frontières étroites à l'historiographie en soumettant la conduite de l'histoire à la providence. Voltaire n'en croit rien; il s'applique même à prouver l'absence d'une intelligence divine dans le déroulement des événements. Sceptiques comme lui, les historiens de l'époque prérévolutionnaire se servent de procédés d'investigation critiques

pour dégager les mécanismes multiples de l'histoire. De là s'explique l'essor de la discipline. L'érudition classique se maintient et se développe avec les travaux de l'Académie des Inscriptions (Charles Rollin: «Histoire ancienne», 1730–1738), avec les ouvrages des bénédictins de Saint-Vanne et de Saint-Maure (Dom Calmet, Dom Bernard de Montfaucon: «L'antiquité expliquée», 1719–1724), avec l'abbé Du Bos (1734: «Histoire critique de l'établissement de la monarchie française dans les Gaules»), le comte de Caylus (1752–1767: «Recueil d'antiquités égyptiennes, étrusques, grecques, romaines et gauloises»), etc. Ces savants s'adressent d'abord à une clientèle de lecteurs relativement restreinte de professeurs et d'étudiants, mais qui, à partir des années 50 et 60, s'élargit rapidement du fait même des conquêtes de l'érudition. L'exotisme des «Mille et une nuits» et de la doctrine de Confucius révélées alors au monde occidental rencontre plus qu'un succès de curiosité: il démontre brillamment la relativité des conditions qui déterminent l'existence humaine. Montesquieu et Voltaire s'empressent d'approfondir l'impact «philosophique» qui en résulte («Les lettres persanes», «Zadig», etc.), mieux: ils appliquent le principe dans leurs propres écrits historiques. Avec les «Considérations sur les causes de la grandeur des Romains et de leur décadence» (1734) et les parties historiques de l'«Esprit des lois» (1748), Montesquieu jette, quelque peu spéculativement, les bases de ce déterminisme historique que Voltaire imposera définitivement par une documentation des plus soignées. Rompant avec une tradition qui se contente de «compiler...quelques vérités avec mille mensonges» (Nouvelles considérations sur l'histoire. Dans: Œuvres historiques». Pléiade. P. 49), précisant d'autre part qu'il importe surtout de connaître «...l'histoire des hommes, au lieu de savoir une faible partie de l'histoire des rois et des cours» (ibid. p. 48), il procède, en principe du moins, à une entreprise de démystification. En affirmant avec éclat le monopole de la méthode critique, il fait partager ses vues à la génération des futurs révolutionnaires. Ajoutons que le parti pris du «philosophe» risque de déformer la reconstruction des faits et des causes. Ceci est particulièrement vrai pour l'«Abrégé de l'histoire universelle» (1753–1754) et l'«Essai sur l'histoire générale et sur les mœurs et l'esprit des nations depuis Charlemagne jusqu'à nos jours» (1756). Voltaire croit au progrès, et il s'efforce de retracer sa marche, hésitante, il est vrai, mais guidée par la raison éclairée et finalement irrésistible, à travers les époques obscurcies par l'ignorance et le fanatisme. Ce manichéisme simpliste mais idéologiquement efficace cède d'ailleurs le pas devant un examen plus objectif de la réalité dans les œuvres qui traitent des sujets plus restreints. Ceci est particulièrement valable pour le célèbre «Siècle de Louis XIV» (1751).

d) Pour Alfred Sauvy, spécialiste de la matière, l'opinion publique est «un arbitre, une conscience; nous dirions presque que c'est un tribunal, dépourvu certes de pouvoir juridique, mais redouté. C'est le for intérieur d'une nation» («L'opinion publique». Collection «Que sais-je?» 701. P. 5–6). Ce n'est pourtant pas l'expression du «bon sens» ni celle de la «morale naturelle» incorruptible. Phénomène de masse, certes, mais précaire, instable, malléable pour quiconque sait manier les mécanismes de la communication, donc excellent instrument de propagande, l'opinion est découverte et exploitée par les «philosophes» libérateurs et démagogues. Meneur de jeu lui-même, Diderot sait bien que, dans l'immédiat, les «écrits» ne valent pas les «discours» pour mettre en branle la «multitude aveugle» (cf. texte 35), mais l'effet des livres n'en est que plus durable, pourvu qu'ils rencontrent un nombre suffisant de multiplicateurs. Le directeur de l'Encyclopédie voit son travail couronné par un des tirages les plus remarquables du siècle: il trouve quatre mille acquéreurs. C'est un exploit à une époque où le tirage moyen varie entre cinq cents et mille. C'est dire aussi que l'opinion publique dispose de peu de relais. Voltaire ne compte pas plus de trois mille «gens de goût» à Paris, et la situation en province est pire: le manque d'instruction sinon l'analphabétisme le plus opaque empêchent, bien plus efficacement que la censure, la diffusion des «lumières». En revanche, c'est avec une facilité et une rapidité étonnantes que le petit monde des lettrés assimile les idées à la mode. Lancées par les grands esprits, elles sont immédiatement répercutées dans les salons, les clubs, les cafés, les parterres et les loges des théâtres, les correspondances littéraires. Les écrivains guides tels que Montesquieu, Voltaire, Rousseau font profiter leurs épigones de l'engouement général pour la sagesse orientale, le civisme anglais, l'effusion dans la nature. Les encyclopédistes sensibilisent l'opinion aux problèmes concrets des sciences, des arts, des métiers. Leur réussite déclenche un mouvement de productions scientifiques populaires.

Historiens, économistes, théoriciens politiques, théologiens éclairés bénéficient, eux aussi, de la popularité subite de leurs matières. Les «centres d'instruction» (Diderot) les plus influents tels que les salons de la duchesse de Maine, de la marquise de Lambert, de Madame de Tencin, le club de l'entresol, les cafés Procope et Laurent procèdent à une sélection souvent arbitraire, parfois aussi à une déformation des nouvelles littéraires, politiques, scientifiques et lancent ainsi les grands succès plus ou moins mérités du siècle. Le snobisme y est pour beaucoup, il arrive que le mérite, qui passe rarement inaperçu, mais qui, souvent, est mal apprécié, cède le pas au charlatanisme; n'empêche que l'opinion publique, quelque mal guidée qu'elle soit, s'établit, à l'intérieur du royaume, comme premier pouvoir de l'opposition. C'est elle qui habitue les Français à l'idée d'un changement radical, et la littérature qu'elle impose au goût du siècle, fournira les armes les plus efficaces à la révolution.

e) La partie droite du graphique montre une évolution significative: au milieu du siècle, les «Belles-Lettres» dépassent nettement la production des ouvrages consacrés aux «sciences» et aux «arts»; mais à la veille de la révolution, cette dernière catégorie passe en tête. Ceci est étonnant du fait que la clientèle littéraire traditionnelle se compose principalement de dames oisives de la «bonne compagnie», grandes consommatrices de romans.
Le public se renouvelle donc pendant la deuxième moitié du siècle: la bourgeoisie laborieuse découvre l'utilité de la lecture. Sources de richesse, «les arts et les métiers» s'apprennent; la grande industrie naissante, la manufacture, l'artisanat marchand commandent des manuels techniques; l'agriculture satisfait son besoin grandissant d'instruction systématique.
La recherche désintéressée s'appuie sur la réussite des sciences appliquées pour continuer son essor fulgurant. Les «philosophes» ne sont pas des métaphysiciens. Au contraire, en faisant descendre les idées «du ciel sur la terre», ils substituent à la hiérarchie statique défendue par la théologie et, partant, par la philosophie établies, l'idée dynamique du progrès (cf. texte 49: Littérature et civilisation) dont la recherche scientifique est le moteur. Pour Diderot, «il n' y a de véritables richesses que l'homme et la terre» (cf. son article «Homme» dans l'Encyclopédie), et ce sont les sciences qui assurent à l'homme la possession de la terre. En anticipant la formule de Kant qui définira les «lumières» comme «émancipation de l'homme sortant de la minorité intellectuelle où il a vécu jusqu'alors du fait de sa propre volonté» et en prenant à son compte sa devise «Sapere aude», le «philosophe» français se fait le promoteur des sciences (cf. les textes 48–50: Introduction: Le ferment de la science). Les exemples de Montesquieu, Voltaire, Diderot entraînent une vague de vulgarisation scientifique dont l'optimisme candide (expliquer tous les mystères de l'univers ne paraît plus être qu'une question de temps) ne se brisera que bien plus tard.

f) Entre le XIII$^e$ et le début du XVIII$^e$ siècle, la population française stagne. Au début du règne de Louis XV, on compte à peu près 18 millions de Français, ce qui représente même un certain recul par rapport à la moyenne des siècles antérieurs. Au moment de la révolution, la population de la France est cependant évaluée à plus de 26 millions: en 80 ans, la croissance atteint donc presque 45 pour cent. Cette «explosion», phénomène international dû notamment à l'amélioration de la nourriture et à l'extinction des grandes épidémies, a surtout des conséquences économiques et sociales: l'essor démographique stimule la consommation, donc la production, les investissements et les travaux de tout genre. Mais le relèvement – inégal, il est vrai – du niveau de vie, l'enrichissement de la bourgeoisie qui en résultent, ont aussi des répercussions sur le monde de l'esprit: petit à petit, la culture générale devient symbole de la réussite matérielle dans une société qui, sur tous les plans, commence à se soumettre aux lois de la concurrence. Les gazettes, les correspondances littéraires propagent le goût des salons; certains littérateurs, certaines de leurs productions sont portés aux nues et passent, souvent, tout de suite de mode. Le snobisme lance jusqu'aux succès scientifiques: agronomes, économistes, théoriciens de la politique, géographes explorateurs découvrent l'effet publicitaire de la notoriété mondaine. Quiconque sait exploiter ce phénomène de groupe (sinon de masse), peut espérer émerger de ses concurrents, accrocher un public de plus en plus anonyme. On ne peut pas encore parler d'un «marché» du livre, les produits des maisons d'édition étant toujours considérés comme des denrées de luxe, mais quelques éditeurs entreprennent de commercialiser le succès: ils installent des cabinets de lecture publics; quelquefois il faut attendre des semaines, puis payer tant à l'heure avant de parcourir à la hâte «La nouvelle Héloïse».

Ajoutons à titre de curiosité que le surprenant mouvement démographique engendre une littérature «populationniste» spécialisée. Le physiocrate Quesnay (1758: Tableau économique) et Turgot (1776: Réflexions sur la formation et la distribution des richesses) soulignent l'importance économique du problème sans pourtant disposer d'une base statistique suffisante pour pouvoir préciser seulement si la France croît ou bien se dépeuple. Le marquis de Mirabeau (1756: «Traité de la population»), Messance (1766: «Recherches sur la population») et Moheau (1778: «Recherches et considérations sur la population») enregistrent, sans s'aventurer dans une prospective fantaisiste, de plus en plus exactement la croissance démographique. La vedette de la discipline est l'Anglais Malthus qui, en 1798 («Essai sur le principe de la population»), tire une conclusion pessimiste de l'évolution: comme la population croît plus vite que les subsistances alimentaires, il faut procéder à une restriction volontaire des naissances pour assurer l'avenir de l'humanité.

2. **Quel était le public qui lisait les livres des ‹philosophes›? Montrez que les ‹philosophes›**
   — **par la façon de présenter leur pensée, ont réussi à atteindre les milieux influents soit par leur puissance politique, soit par leur puissance économique,**
   — **ont contribué à créer une ‹opinion publique›,**
   — **ont préparé ainsi la Révolution française** (cf. aussi t. I, p. 146–149).

Madame de Staël (cf. texte 36) met l'accent sur l'ambiguïté foncière du message politique des «philosophes» que les révolutionnaires, propagateurs de l'égalité, réclameront, une génération plus tard, pour leur programme. Les «philosophes» n'écrivent pas pour le peuple dont la cause est rarement la leur (si on excepte toutefois Jean-Jacques Rousseau). Montesquieu soutient que «...dans le gouvernement même populaire, la puissance ne doit pas tomber entre les mains du bas peuple»; Voltaire déclare: «Je ne saurais souffrir que mon perruquier soit législateur (...), le gros du genre humain a été et sera longtemps insensé et imbécile»; D'Holbach renchérit: «La populace imbécile, privée de lumières et de bon sens, peut devenir l'instrument et le complice de démagogues turbulents qui voudraient troubler la société. Ne réclamons jamais contre cette inégalité qui fut toujours nécessaire»; et l'Encyclopédie tranche: «Les progrès des lumières sont limités; elles ne gagnent guère les faubourgs; le peuple y est trop bête (...), la multitude est ignorante et hébétée. (Citations d'après H. Méthivier: «Le siècle de Louis XV». P.U.F. Collection «Que sais-je?» 1229. P. 77).
Contempteurs du commun, aristocrates de la pensée, imprégnés de culture classique, les «philosophes» s'adressent d'abord à ceux qui partagent avec eux la grâce d'une formation privilégiée. Leur lecteur idéal est le «lettré» de la noblesse et de la bourgeoisie montante, «l'homme de la rente» et «l'homme du profit». Le premier se plaît souvent dans le raffinement d'une auto-destruction idéologique qu'il estime volontiers gratuit (cf. le texte de Madame de Staël), le second, conscient de son autorité matérielle et morale croissante, reprend à son compte les attaques littéraires lancées contre une société hiératique sclérosée. Voltaire flatte «l'esprit aristocratique» (Madame de Staël) du premier, mais il ne cesse pas de rappeler au second sa fonction politique et sociale: le commerce fait la richesse, et la richesse engendre la liberté. L'utilitarisme bourgeois qui se prononce dans cet «axiome du progrès», rallie aussi les éléments les plus actifs de la «noblesse de robe»: de hauts fonctionnaires administratifs, financiers, judiciaires, et jusqu'aux milieux politiques dirigeants. C'est ainsi que Madame de Pompadour, fille d'un financier, épouse d'un fermier général, favorite officielle de Louis XV à partir de 1745, sait faire profiter ses protégés Fontenelle, Voltaire, Crébillon de même que les directeurs de l'Encyclopédie de l'ascendant qu'elle exerce sur le roi. Malesherbes, fils du chancelier Lamoignon et lui-même homme politique influent, est directeur de la Librairie, donc de la censure, entre 1751 et 1763. Partisan de la liberté de la presse, il pratique l'expédient des «permissions tacites» pour épargner aux écrivains non-conformistes les sanctions sévères prévues par la législation sur les écrits impies ou subversifs. Sous son administration, les condamnations prononcées par le Parlement et la Sorbonne, gardiens de la tradition bien-pensante, restent souvent inefficaces. L'«Emile» de Rousseau par exemple, condamné en 1762, continue d'être vendu et lu en bénéficiant de la tolérance secrète des contrôleurs.
La pensée des «philosophes» pénètre donc presque librement l'opinion publique. Triée par les «salons» (celui de Madame du Deffand accueille Fontenelle, Montesquieu, Marivaux et quelques encyclopédistes; celui de Madame Geoffrin compte parmi ses fidèles Helvétius, D'Alembert,

Grimm, D'Holbach, Saint-Lambert; celui de Madame Necker sert de lieu de rendez-vous habituel à Diderot, Morellet, Marmontel, Galiani), vulgarisée par les journalistes (dont font partie quelques écrivains de talent comme Rivarol, Brissot, Linguet), discutée dans les innombrables sociétés de lectures et actualisée dans les associations politiques (dont la plus influente est le Club Constitutionnel qui regroupe La Fayette, Mirabeau, Condorcet), elle trouve son expression la plus touchante dans les «cahiers de doléances» rédigés par les corporations professionnelles à la veille de la révolution.

Dans le bailliage de Rouen par exemple, les épiciers soutiennent que «le premier soin des Etats généraux doit être de fixer la constitution de la France et de poser les lignes de démarcation entre la puissance du roi et les droits de la nation. L'autorité royale doit être bornée là où commence l'abus.» Les cafetiers, limonadiers, vinaigriers exigent «la suppression des fermiers généraux, receveurs généraux, ainsi que de la prodigieuse armée des commis, le fléau de la sûreté et tranquillité publique». Les cordonniers demandent aux autorités d'«établir des tribunaux de paix dans les campagnes et dans les villes pour juger sans frais et sur-le-champ les discussions entre les particuliers». Les notaires constatent que «chaque citoyen français est personnellement libre et franc sous la protection et la sauvegarde des lois, en sorte que toute atteinte portée soit à la liberté individuelle, soit à la stabilité des propriétés autrement que par l'application des lois et par l'intervention des tribunaux ordinaires est illicite et inconstitutionnelle». Et les procureurs formulent le souhait que «les lois pénales frappent également tous les coupables, sans distinction de rang ni de naissance, en sorte que la différence d'état et de condition ne soit plus un motif de différence dans le genre de peine». (Bouloiseau: «Cahiers de doléances du Tiers Etat du Bailliage de Rouen». P.U.F. Paris. Passages cités d'après Cours d'histoire Malet-Isaac: «Classe de seconde». Classiques Hachette. P. 16–18).

Ici, les idées de Montesquieu, Voltaire, Beaumarchais sont facilement repérables. Les révolutionnaires s'en réclament, mais leur inspirateur le plus direct est Jean-Jacques Rousseau dont le «Contrat social» (cf. texte 38) sert de bible notamment aux éléments radicaux de la révolution. Un journaliste suisse en témoigne: «J'ai entendu Marat en 1788 lire et commenter le ‹Contrat social› dans les promenades publiques aux applaudissements d'un auditoire enthousiaste» (ibid. p. 39). Les concepts de la souveraineté du peuple et de l'égalité des droits sont repris et interprétés par Mably (1709–1785) dont les idées façonnent la Constitution de 1791, et par Condorcet (1743–1794) qui définit les droits de l'homme.

3. **Concordet a résumé l'effort de la philosophie du XVIII$^e$ siècle dans ces trois mots: «Raison, tolérance, humanité». Justifiez ce jugement en vous servant d'exemples pris dans les textes et commentaires de ce livre.**

**Definitions:**
**Raison:** — La faculté qui permet à l'homme de connaître, juger et agir conformément à des principes. («Micro Robert»)
— Chose raisonnable, convenable, suffisante, acceptable. «Se prend aussi pour tout ce qui est de devoir, de droit, d'équité, de justice… ‹S'il vous doit, c'est la raison qu'il vous paye›». (Dictionnaire de l'Académie Française, 1694)
— (Emploi spécial du XVIII$^e$ siècle:) Les lumières naturelles, la philosophie. («Petit Robert»)
**Tolérance:** — Disposition à admettre chez les autres des manières de penser, d'agir, des sentiments différents des nôtres: dans la vie sociale, la vertu la plus utile est la tolérance. («Petit Larousse»)
**Humanité:** (Emploi courant:) Sentiment de bienveillance envers son prochain, compassion pour les malheurs d'autrui. («Petit Robert»).

Le premier et le troisième de ces principes se trouvent clairement illustrés dans le texte 30 (Voltaire: Le bûcher). Le «philosophe» Zadig, champion de la raison et de l'humanité, combat avec succès une coutume qui, par son caractère stérilement formaliste (la veuve a détesté son mari, mais elle préfère lui sacrifier sa vie qu'être «perdue de réputation») et peu pratique (la mort gratuite d'une jeune femme porte préjudice à la communauté) s'oppose à la raison et qui, par sa cruauté, s'oppose à l'humanité.

Le deuxième de ces principes est exposé dans le texte «Religion naturelle et tolérance» (cf. texte 30: Littérature et civilisation). La tolérance se présente ici comme conséquence logique de la disposition relativiste adoptée par le «philosophe» à l'égard des religions positives. Entendue de la sorte, elle rallie tous les grands esprits du siècle qui, déistes ou athées, la prônent en dénonçant justement la déraison et l'inhumanité de la foi révélée. Montesquieu (1721: «Les lettres persanes»), Diderot (1749: «Lettre sur les aveugles à l'usage de ceux qui voient», 1769: «Le rêve de d'Alembert»), Rousseau (1762: «Emile»; cf. notamment «La profession de foi du vicaire savoyard) varient le thème, mais son propagandiste le plus zélé est Voltaire (1756: «Poème sur la loi naturelle»; 1760: «Dialogues chrétiens»; 1763: «Traité sur la tolérance à l'occasion de la mort de Jean Calas»; 1764: «Dictionnaire philosophique»; 1766: «Le philosophe ignorant»; 1766: «Commentaire sur le livre des délits et des peines»; 1767: «Examen important de milord Bolingbroke ou le tombeau du fanatisme»). A titre de documentation, voici un extrait de la célèbre «prière à Dieu» du «Traité sur la tolérance»:

«Tu ne nous as point donné un cœur pour nous haïr, et des mains pour nous égorger; fais que nous nous aidions mutuellement à supporter le fardeau d'une vie pénible et passagère; que les petites différences entre les vêtements qui couvrent nos débiles corps, entre tous nos langages insuffisants, entre tous nos usages ridicules, entre toutes nos lois imparfaites, entre toutes nos opinions insensées, entre toutes nos conditions si disproportionnées à nos yeux, et si égales devant toi; que toutes ces petites nuances qui distinguent les atomes appelés hommes ne soient pas des signaux de haine et de persécution; que ceux qui allument des cierges en plein midi pour te célébrer supportent ceux qui se contentent de la lumière de ton soleil; que ceux qui couvrent leur robe d'une toile blanche pour dire qu'il faut t'aimer ne détestent pas ceux qui disent la même chose sous un manteau de laine noire; qu'il soit égal de t'adorer dans un jargon formé d'une ancienne langue, ou dans un jargon plus nouveau; que ceux dont l'habit est teint en rouge ou en violet, qui dominent sur une petite parcelle d'un petit tas de la boue de ce monde, et qui possèdent quelques fragments arrondis d'un certain métal, jouissent sans orgueil de ce qu'ils appellent grandeur et richesse, et que les autres les voient sans envie: car tu sais qu'il n'y a dans ces vanités ni de quoi envier, ni de quoi s'enorgueillir.»
(Pléiade: «Mélanges». P. 638)

### 4. **Enumérez quelques qualités du ‹philosophe›.**

D'après Dumarsais (cf. texte 33), le «philosophe»
— agit en connaissance exacte des «causes» (raisons et mobiles) qui le font agir,
— sait distinguer et apprécier à leur juste valeur ce qui est
  — — vrai
  — — vraisemblable
  — — douteux
  — — faux,
— sait observer et classer,
— étudie les règles de la vie en communauté pour mieux les pratiquer,
— aspire au bonheur que peuvent lui procurer la nature et la société et est disposé à le mériter par son comportement social et son travail,
— est conscient de l'interdépendance de la raison et de la morale et porté, par un penchant naturel et permanent, à y conformer sa façon d'agir.

Le «philosophe», dans l'acception du XVIII$^e$ siècle, n'est donc pas le classique constructeur de systèmes métaphysiques, esthétiques, moraux, mais une «personne qui, par le culte de la raison appliquée aux sciences de la nature et de l'homme, par l'honnêteté morale mise au service de l'humanité, cherche à répandre le libre examen et les lumières» («Petit Robert»).

### 5. **Expliquez la prétention morale qui s'exprime dans les termes ‹Lumières› et ‹Eclaircissement›.**

La formule de Kant (cf. 1e) qui représente, du moins temporairement, l'«éclaircissement» allemand (1784: «Was ist Aufklärung?»), vaut aussi pour les «lumières» françaises. Les deux termes s'opposent polémiquement aux «ténèbres» d'une époque où la raison capitule devant l'ignorance et le fanatisme. Alors que les «lumières», terme statique indiquant la disposition et l'instrument, signifient la capacité naturelle, c'est-à-dire, l'intelligence, d'une part, et les connaissances acquises, c'est-à-dire, le savoir, d'autre part, l'«éclaircissement», terme dynamique indiquant la direction et l'intention (sinon le résultat), marque le sens historique du mouvement: il s'agit de libérer l'homme de l'esclavage moral où le détiennent des puissances irrationnelles. Le procédé émancipateur, mis au point par Descartes, Leibniz, Newton, Locke, est propagé par les «philosophes»: il faut examiner, selon les critères de la raison, toutes les idées reçues et n'en retenir que celles qui sont vérifiées par l'observation et l'expérience. Ce tri rigoureux permet de dégager la route du progrès scientifique, garant du bien-être humain. L'homme «éclairé» se doit d'être heureux, ceci en tant qu'être vivant, dans ses rapports avec la nature, et en tant qu'être social, dans ses rapports avec la communauté et ses institutions. La raison dont le crédit est total, est censée pouvoir écarter tous les obstacles qui pourraient se dresser sur le chemin du bonheur. Cet optimisme fervent a de quoi étonner: les «philosophes» n'étaient-ils pas partis pour liquider les dogmes? Leur foi inconditionnelle dans le progrès est pourtant dogmatique elle-même.

**6. Pourquoi le XVIIIe siècle est-il optimiste? Pourquoi croit-il au ‹progrès›?**

**7. Quel rôle jouent les sciences naturelles (physique, histoire naturelle) dans l'évolution de la pensée du XVIIIe siècle? Pensez p.e. à l'élaboration d'un nouveau concept de la sociologie et des sciences politiques.**

Il faut reconnaître que le climat intellectuel du siècle incite à l'optimisme et que les observateurs du progrès scientifique ont d'excellentes raisons pour croire à la toute-puissance des méthodes élaborées par les rationalistes, puis corrigées par les empiriques.
Rejetant en bloc le fatras des «connaissances» spéculatives de la scolastique, Descartes énonce les règles (évidence, analyse, synthèse, dénombrement) du fonctionnement autonome de l'intelligence humaine. Pour lui, la déduction logique permet de découvrir les lois qui régissent la «substance étendue» de même que la «substance pensante». Héritières de cette conception dualiste de l'univers, les sciences naturelles, en particulier la physique (1743: D'Alembert, «Traité de dynamique»), et les sciences humaines, en particulier la psychologie (1748: La Mettrie, «Homme-machine») exploitent à fond l'hypothèse mécaniste de Descartes pour accélérer le progrès technique et mettre au point des théories psycho-sociologiques susceptibles d'ébranler les fondements de la société établie.
Il est vrai que l'autorité de Descartes est quelque peu remise en question par l'empirisme anglais (1690: Locke, «An essay concerning human understanding») et la science expérimentale (1687: Newton, «Naturalis philosophiae principia mathematica») qui s'y réfère, mais les intellectuels du XVIIIe siècle n'ont aucun mal à harmoniser, dans le concept d'un rationalisme expérimental, les différents points de départ méthodiques.
Dans un livre au titre suggestif «Esquisse d'un tableau historique de l'esprit humain» (1794), Condorcet expose la théorie qui est à la base de sa foi optimiste dans un progrès illimité. Partant du principe cartésien que la nature humaine est fondamentalement constituée par l'intelligence, il soutient que les progrès de l'humanité vont de pair avec l'évolution de la science et que la vie en société s'en trouve améliorée à l'avenir. Mieux: le progrès est linéaire, aucun revers important n'est imaginable: les dix étapes qui marquent l'histoire de l'humanité, conduisent l'homme imperturbablement de la barbarie au paradis terrestre. Neuf en sont révolues, la dixième est projetée dans l'avenir; elle apportera notamment l'égalité entre les nations, l'égalité entre les citoyens du même peuple et un développement supérieur des facultés intellectuelles et morales de l'homme.
Promoteur d'une sociologie et d'une politologie rationalistes, Condorcet propose d'accélérer leur avènement en appliquant à leur constitution les méthodes des mathématiques, surtout celle du calcul des probabilités, et des sciences naturelles, surtout celle de la physique (observation des faits, élaboration d'une notation fonctionnelle applicable à d'autres disciplines) et de l'histoire naturelle (classification des objets d'étude, élaboration de systèmes).
Avec le recul du temps, il est aisé de déceler le côté naïf et chimérique de cette entreprise. Sur le plan de la méthode, il est difficile sinon impossible de transférer les procédés d'investigation des sciences naturelles (où l'homme est le sujet observant et la nature l'objet observé) aux sciences humaines (où l'observateur fait partie lui-même du système des objets qu'il observe). Pour ce qui est des principes mêmes, les adeptes des «lumières» ne partagent pas tous l'optimisme béat du rationalisme vulgarisé et utilitaire. Avec son «Discours sur les sciences et les arts» (1750), Jean-Jacques Rousseau répond négativement à la question,

mise au concours par l'Académie de Dijon, «si le rétablissement des sciences et des arts a contribué à épurer les mœurs». Voltaire qui se sent particulièrement visé par ce pessimisme lucide, continue de proclamer le bonheur de l'homme dans la société policée, mais lui-même n'a que du mépris pour les évolutionnistes qui confondent candidement histoire et «providence». Le tremblement de terre qui ravage Lisbonne en 1755, lui inspire le «Poème sur le désastre de Lisbonne» (1756) et le conte «Candide ou l'optimisme» (1759) où il s'attaque aux rabâcheurs à bon marché de Leibniz (1710: «Essais de théodicée») et de Pope (1732–34: «Essay on man»). L'incohérence du monde et l'absurdité de la vie ne se laissent pas escamoter par une philosophie «optimiste» qui, en raison de sa logique interne, ne voudrait pas en tenir compte.

8. **Expliquez le rôle joué par l'exotisme et la figure du ‹bon sauvage› dans la critique des préjugés.**

Cf. aussi texte 29: Littérature et civilisation.
Ce n'est pas le XVIII<sup>e</sup> siècle qui découvre le charme littéraire de l'exotisme (cf. par exemple l'effet que tire l'auteur du «Bourgeois gentilhomme» de la mascarade du «Mamamouchi»), mais la mode n'est lancée que par les récits de voyage publiés tout au long du XVIII<sup>e</sup> siècle par les explorateurs qui parcourent la Turquie, la Perse, les Indes, les Amériques, et par les missionnaires qui propagent le christianisme jusqu'en Extrême-Orient. Le mythe du «bon sauvage» est popularisé par le baron de La Hontan (1666–1715) dont le «Dialogue avec un sauvage de l'Amérique» attire l'attention d'un grand public sur les qualités morales de l'existence primitive.
Le succès énorme des «Lettres persanes» (1721) de Montesquieu est préparé par la traduction des «Mille et une nuits» (1704–1717) et par «Les amusements sérieux et comiques d'un Siamois à Paris (1707) de Dufresny. Le procédé est encore copié par Madame de Grafigny (1747: «Lettres d'une Péruvienne»), le marquis d'Argens (1755: «Lettres chinoises») et d'autres. Il permet de critiquer, à travers un contenu épique souvent frivole et peu soucieux d'authenticité, les usages occidentaux, en particulier français, qui, sous l'angle de la «morale naturelle», ne résistent pas toujours à l'examen critique. Sont visés le christianisme étroitement dogmatique, intolérant et défenseur d'institutions absurdes comme le mariage indissoluble et le célibat, la monarchie qui tourne au despotisme, la justice paralysée par un formalisme stérile, le colonialisme spoliateur et hypocrite.
Présentée avec la naïveté feinte d'un observateur qui se déclare non prévenu, une civilisation révèle ainsi surtout son côté absurde. Les façons de penser et d'agir qu'elle cultive sont radicalement remises en cause; et les lecteurs, invités à reprendre le point de vue d'une société différente, mais pas inférieure, reçoivent une leçon salutaire de relativisme.
L'intérêt général que rencontre la figure du «bon sauvage» est, certes, largement sentimental et alimenté davantage par le côté pittoresque de l'exotisme que par ses perspectives sociologiques. Addison s'en rend compte en 1711 quand il présente quatre chefs indiens en voyage aux lecteurs, attendris et enthousiastes à l'occasion, de son périodique critique «Spectator». Mais la prémisse de base du concept, à savoir la supériorité de la morale naturelle sur le comportement standard des hommes «civilisés», sert de point de départ à de nombreuses illustrations littéraires et à des développements théoriques dont la force explosive idéologique ne tardera pas à se montrer.
Citons trois exemples:
Montesquieu peint dans l'histoire des «Troglodytes» («Lettres persanes» XII–XIV) l'utopie d'une démocratie «sauvage» régie par la vertu.
Diderot attribue à un Taïtien (1772: «Supplément au voyage de Bougainville») une diatribe, étonnante de véhémence et d'indignation, dirigée contre la morale corrompue des Européens et exaltant, en revanche, le bonheur anarchique de l'homme originellement bon.
Rousseau fournit, avec le «Discours sur l'origine de l'inégalité» (1755), une argumentation incendiaire à la révolution. L'homme primitif qui est physiquement et moralement sain, libre, heureux, subit, une fois entraîné par le «progrès», une aliénation croissante. La division du travail le prive du contact direct avec la nature, source de son bonheur, et l'«invention» de la propriété, devenue depuis le principe même de notre société, installe les formes modernes de l'esclavage que les régimes politiques établis ne tendent qu'à perpétuer. Puisque le mal provient nécessairement de l'inégalité, il va de soi que la libération de l'homme passera par la destruction des privilèges garantis par la propriété.

9. **Quelle fonction ont**
   — **l'ironie,**
   — **le conte philosoqhipue**
   **dans la littérature du XVIIIe siècle?**

Cf. aussi textes 29 et 30: Littérature et civilisation.

Selon Alain, l'ironie est une «transposition de la colère, qui vient de ce que, ne pouvant arriver à s'oublier soi-même, on parvient du moins à se vaincre par un commencement de sourire» («Système des Beaux-Arts»). Thomas Mann la considère comme arme défensive de l'esprit terrifié par la tragédie du monde. Pour les romantiques, elle marque l'écart infranchissable entre l'idéal et la réalité.
Ces définitions mettent en valeur l'aspect négatif du phénomène: passif, impuissant, résigné sinon fataliste, l'homme subit l'existence au lieu de la façonner; il n'est que sagesse que de reconnaître sa défaite et en sourire. Conçue ainsi, l'ironie défend la dignité de l'être pensant contre l'absurdité brutale de l'univers.
Les «philosophes» du XVIIIe siècle n'entendent pas être «sages» de la sorte. Pour eux, ironie est synonyme d'agressivité, de critique constructives: faire éclater l'inhumanité de la société actuelle, c'est préparer une société future à l'image de l'homme. L'ironie qui, d'après Bergson, montre «ce qui devrait être en feignant de croire que c'est précisément ce qui est» («Le rire»), est donc «engagée»: elle milite en faveur d'un idéal dont la réalisation se trouve entravée par l'ignorance ou l'égoïsme. Le ridicule tue, c'est acquis. Encore faudrait-il qu'on sache passer à l'estocade selon les règles du bon goût littéraire.
Le genre qui s'y prête le mieux, le genre «ironique» s'il en est, c'est le «conte philosophique». Disposant ironiquement des convenances romanesques, il se distingue de la nouvelle par une composition savamment négligée, du roman par des personnages caricaturaux et une action tantôt schématique tantôt fantaisiste. Si pour le roman «c'est l'humain et l'individuel humain qui fonde tout» (Alain), si la nouvelle transcende le vécu en se concentrant sur ses moments les plus intenses, le conte s'écarte délibérément de la réalité. L'auteur recourt au fantastique, il dépayse le lecteur, ne serait-ce pour le confronter, par ce biais, avec ses propres problèmes. La féerie n'est donc pas gratuite, sa présentation nonchalante, souvent goguenarde détruit l'illusion. Voltaire, conteur «philosophique» par excellence, n'a nullement l'intention de peindre naïvement le monde réel ou irréel, il se propose, en se servant de symboles frappants, une fin précise: faire jaillir l'incongruité de ce qui existe pour montrer à quel point il est absurde de vouloir s'en contenter. C'est ainsi que «Zadig» (1747) s'attaque à l'injustice et au despotisme, «Micromégas» (1752) à la futilité de la spéculation métaphysique, «Candide» (1759) au fanatisme guerrier et religieux. Le caractère superficiel, badin, frivole du genre contribue beaucoup à son succès populaire. Si, à la veille de la révolution, l'esprit «philosophique» l'emporte dans le combat des idéologies, il doit son triomphe en partie à ce genre littéraire qui, mieux que programmes théoriques et déductions abstraites, sait rallier ses lecteurs à la cause de la raison.

10. **Qu'est-ce qui distingue un «héros» du XVIIe siècle de celui du XVIIIe?**

Cf. le texte 31.

Le jugement de Voltaire est inique. Il feint d'ignorer le contenu essentiel du terme «héros» et n'en retient qu'une connotation péjorative qu'on peut flétrir à loisir. Mais, pour être héros, ne serait-ce qu'au sens militaire, il ne suffit pas de «saccager des provinces». Le concept classique est tout de même plus exigeant. Le Cid par exemple n'est pas qu'un pourfendeur de crânes et un stratège habile. C'est-à-dire, il l'est **aussi** quand la situation le contraint de recourir à ces «qualités», mais elles ne sont appréciables que sur un fond solide de magnanimité, de générosité, de courage, d'esprit de sacrifice, de fidélité, de dévouement total, bref: de vertu engagée au service d'un idéal absolu que les notions «honneur», «foi», «amour», «patrie» ne traduisent qu'imparfaitement.
Mais, au fond, Voltaire ne veut que dénoncer, en simplifiant le procédé, la dégénérescence d'une valeur humaine que les grandes épopées n'esquissent cependant que par fragments. Le héros antique et le héros médiéval sont incomplets: Achille est intrépide et cruel, Ulysse est intelligent et sournois, Roland et Siegfried sont valeureux, mais dangereusement naïfs. Le déficit humain du héros légendaire tend à être comblé justement par la sensibilité classique:

avec Auguste (Corneille: «Cinna»), il découvre la clémence, avec Titus (Racine: «Bérénice») le renoncement, avec Suréna (Corneille: «Suréna») la tendresse.

N'empêche que ces innovations ne modifient pas le poncif, et Voltaire lui-même, dramaturge plutôt mal inspiré, n'y parvient pas. Il a beau présenter des personnages inédits et en faire les porte-parole de ses intentions doctrinales: épigone des classiques malgré tout dans la peinture des caractères, il ne fait qu'affadir le cliché ou bien il lui oppose de pâles abstractions personnifiées qui ne passent pas la rampe.

Et pourtant, il a subjectivement et politiquement raison de promouvoir héros l'homme qui «excelle dans l'utile ou dans l'agréable». Et si le dramaturge échoue à la tâche, le conteur, plus heureux, finit par imposer le modèle. Le héros du XVIIIe siècle est «philosophe», d'emblée comme Micromégas ou bien au terme d'un apprentissage douloureux comme Candide. Parti, comme ce dernier, à la recherche du bonheur absolu, il apprend à se contenter d'un bien relatif. Puisqu'il aime sa vie plus qu'un quelconque idéal, il préfère, tel Zadig, sauver sa peau plutôt que de périr «héroïquement». Il refuse donc de s'engager à fond, il évite le risque gratuit, mais il ne manque pas de courage pour autant. Esprit autonome comme l'«Ingénu», il s'élève, au nom de la «religion naturelle», contre les préjugés religieux, ou bien il flétrit, tel «l'homme aux quarante écus», les abus de l'administration. Champion de l'humanité comme Zadig, il s'engage dans une action prudente et raisonnable pour corriger un défaut de la société, sans pour autant oublier les limites naturelles de ses capacités.

«Noble guerrier», le «héros» du XVIIIe siècle ne l'est plus guère. Mais sa transformation ne s'arrête pas là. Pour marquer l'esprit nouveau, Beaumarchais l'affublera même d'une livrée de valet. Sorti du néant, homme à tous les talents, débrouillard effronté, intrigant, Figaro provoque son maître, parasite de la caste des «héros» déchus, et il le vainc, ceci sous les applaudissements frénétiques d'une société qui court à sa perte.

Moins tapageur, mais étonnant de modernité, l'anti-héros fait une apparition précoce avec le «Neveu de Rameau» (1762) de Diderot. «Composé de hauteur et de bassesse, de bon sens et de déraison» (Diderot. Pléiade. P. 395), il confond dans son mépris l'hypocrisie et le fond moral sérieux du siècle. Ce «philosophe» avili qui vivote au jour le jour en se pliant aux habitudes plus ou moins dépravées d'une société qui ne vit que par le mensonge, se paie, de temps en temps, le luxe de dire ce qu'il pense. Et voilà ce qui le coule. Cynique radical, il ne méprise pourtant pas les agréments de la vie, mais comme l'effort qu'il doit fournir pour se les procurer, nécessite encore un comportement hypocrite, il préfère se contenter de peu. Son dilemme — respecter la convention sociale et s'assurer ainsi un pauvre petit «bonheur», ou bien la bafouer, quitte à tomber dans la misère — rappelle ironiquement celui, traditionnellement «héroïque», de Rodrigue, partagé entre le devoir et l'amour, et anticipe, ironiquement aussi, celui d'Antigone qui, dans la pièce d'Anouilh, tranche un conflit analogue dans le sens d'un héroïsme résolument moderne.

Goethe qui, en 1804, redécouvre le texte de Diderot et le traduit d'après une copie perdue depuis, fait ainsi preuve d'un flair remarquable: le type du héros à la Diderot est promis à un brillant avenir intellectuel, alors que le héros «classique» sera accaparé de plus en plus par la littérature de quatre sous.

**11. Résumez les circonstances qui ont accompagné la parution de l'«Encyclopédie», et les buts principaux de ce grand ouvrage.**

Cf. texte 33: Littérature et civilisation.

*Supplément d'information:*

Le succès commercial de la «Cyclopedia or Universal Dictionary of the Arts and Sciences» (1727) de l'Anglais Ephraïm Chambers est tel que le libraire parisien Le Breton se décide à en publier une traduction française. Il s'adresse à Diderot qui accepte de lancer le projet, mais non pas comme traducteur, mais comme directeur d'une entreprise originale. Il s'assure la protection de Madame de Pompadour, celle du comte d'Argenson, ministre influent du parti des «dévots» et celle du chancelier d'Aguesseau qui, en 1746, donne l'autorisation officielle à la publication. Diderot recrute ses collaborateurs parmi les esprits les plus brillants de son temps, mais il recourt aussi à une foule de spécialistes obscurs. Son ami D'Alembert, mathématicien célèbre, rédige, outre une série d'articles de mathématiques et de physique, le «discours préliminaire» qui entreprend de classifier les sciences et de retracer les étapes du progrès humain depuis l'invention de l'imprimerie. Le baron d'Holbach se spécialise dans

la chimie et la minéralogie; l'abbé Morellet expose les problèmes théologiques et métaphysiques; l'écrivain Marmontel traite de la littérature; le chevalier de Jaucourt, vulgarisateur aux talents multiples, se consacre à la médecine, à la politique, à l'histoire. D'autres, moins connus, complètent ce «Dictionnaire raisonné des sciences, des arts et des métiers» en faisant le point de leurs disciplines respectives. Montesquieu, Rousseau, Turgot, Quesnay témoignent leur sympathie à l'entreprise en lui confiant quelques articles, mais Voltaire qui l'encourage à ses débuts, finit par lui refuser sa collaboration, sans doute pour garder ses distances avec la foule quasi anonyme des rédacteurs. Diderot lui-même ne se contente pas d'être le moteur et le pilote de la «machine de guerre» qu'est l'Encyclopédie, il en est aussi l'artisan le plus zélé. Esprit «encyclopédique» s'il en est, il écrit plus de mille articles sur des sujets qui étonnent par leur diversité (Fleurs artificielles, Tabac, Indigo, Génie, Christianisme, Lutherie, Autorité politique, Paix, Luxe, Aristotélisme, Epicurisme, etc.). Il se consacre particulièrement à la partie technique de l'entreprise, et comme les «arts mécaniques» et la description des métiers demandent une documentation minutieuse, il n'hésite pas à aller voir les artisans et les ouvriers dans leurs ateliers, à s'initier à l'emploi de leurs outils, de leurs machines, à la signification de leurs opérations spécifiques. Comme «un coup d'œil sur l'objet ou sur sa représentation en dit plus qu'une page de discours» (Prospectus de l'Encyclopédie), il fait dessiner des planches et y ajoute des notes explicatives. Cette innovation fait l'unanimité des louanges, et le «Prospectus» qui, en 1750, attire l'attention des lecteurs spécialement sur la documentation illustrée, vaut à son auteur, Diderot, deux mille souscriptions. La parution, en 1751, des deux premiers tomes semble confirmer le succès: l'écho est positif, la vente est satisfaisante; mais une série de revers ne tarde pas à remettre en question toute l'affaire. Dès 1749, Diderot est interné pendant trois mois pour avoir publié sa «Lettre sur les aveugles», œuvre censée licencieuse par endroits. En 1752, le conseil d'Etat interdit la vente des tomes parus que les dévots déclarent «matérialistes», mais Diderot qui est protégé par Malesherbes, directeur de la Librairie, bénéficie d'une «permission tacite». En 1757, l'attentat de Damiens contre Louis XV déclenche de sévères mesures gouvernementales à l'égard des ouvrages clandestins. Dans les années qui suivent, quelques écrivains conservateurs et le clergé militant lancent de violentes attaques contre les encyclopédistes qui, au lieu de se solidariser pour défendre leur cause commune, préfèrent s'entre-déchirer. Diderot est délaissé par D'Alembert, Rousseau, Marmontel. En 1759, le Parlement ordonne la révision de tous les tomes parus qui sont aussi condamnés par le pape. En 1764, Diderot rompt avec l'éditeur Le Breton qui a commencé à mutiler les textes pour devancer la censure. Mais la publication et la distribution continuent quand même; la résistance faiblit après le départ des jésuites, et, en 1772, Diderot a la satisfaction de voir sa persévérance récompensée. L'Encyclopédie paraît intégralement. Son succès est énorme en France et à l'étranger.
C'est un triomphe pleinement mérité du fait notamment que Diderot, malgré toutes les chicanes qu'il doit essuyer, ne trahit jamais les buts qu'il s'est fixés:
L'Encyclopédie
— veut être un répertoire assez complet des connaissances humaines
— entend en faire bénéficier le plus d'hommes possibles en vulgarisant les disciplines qui généralement ne sont accessibles qu'aux spécialistes
— se propose de détruire, par ce gigantesque effort d'«éclaircissement», toutes les doctrines et tous les préjugés nuisibles au bonheur de l'homme, ce qui explique son hostilité à l'égard de la «révélation» et de la «providence» et sa préférence pour une morale utilitaire
— compte promouvoir, en politique, une monarchie libérale qui résiste à la révolution, mais admet des réformes visant la reconnaissance des droits de l'homme, et notamment l'égalité de l'impôt, la liberté du commerce, l'instruction publique générale et le non-retour aux ruineuses guerres d'expansion ou de prestige.

**12. Il y a trois façons de faire la critique du régime politique existant: celle de Montesquieu, celle de Rousseau et celle de Jean Meslier. En quoi se distinguent-elles?**

Mécontents tous les trois du statu quo politique, Montesquieu (texte 37), Rousseau (texte 38), Meslier (texte 42) se distinguent par le degré de l'engagement social dont ils font preuve pour le changer, ou encore, théoriquement parlant, par l'importance qu'ils accordent à l'«égalité» par rapport à la «liberté».

Montesquieu, grand seigneur des lettres, observateur distancé des mœurs politiques du siècle, expose son système avec la souveraineté détachée du théoricien qui préfère mettre de l'ordre dans le monde des idées plutôt que de bouleverser celui de la réalité. Il classifie les gouvernements, indique leurs principes, énonce la théorie de la séparation des pouvoirs, tout ceci avec le plus grand souci d'objectivité, mais il ne laisse planer aucun doute sur ses préférences personnelles: pour lui, il ne peut être question de sacrifier l'ordre établi à la chimère d'un régime démocratique. Les «gens distingués par la naissance, les richesses ou les honneurs» doivent exercer des pouvoirs intermédiaires: il leur incombe, d'une part, de défendre la liberté contre le roi et, d'autre part, de défendre le principe de la royauté contre le peuple. Puisqu'ils garantissent le bon fonctionnement de l'Etat en le préservant des risques du despotisme et de l'anarchie révolutionnaire, c'est leur bon droit de garder leurs privilèges et, par conséquent, de maintenir la grande majorité du peuple dans une dépendance institutionnelle.

Rousseau, autodidacte, puis intellectuel de métier, «cœur solitaire» et «conscience malheureuse», n'est pleinement solidaire, dans sa vie privée, d'aucun groupe social déterminé. Affamé d'indépendance, mais vivant tantôt à la charge de ses mécènes aristocratiques, tantôt de son modeste travail de copiste, il se sent finalement plus près du peuple que de la noblesse libérale et de la bourgeoisie cultivée, milieux préférés de ses confrères, les «philosophes». Il ne tarde d'ailleurs pas à désavouer le concept réformateur utilitariste de ces derniers comme étant trop conservateur. Pour lui, les droits naturels de l'homme que l'ordre régnant bafoue, ne sauraient être garantis que par la souveraineté populaire. Le courant démocratique qu'il fait ainsi passer dans la discussion politique de son temps, se révélera être le plus fort au moment de la révolution. Par rapport au «Discours sur l'inégalité», remarquable par son radicalisme égalitaire, le «Contrat social» marque une atténuation de ses exigences politiques. Comme la société ne rétrograde pas, il est impossible de revenir au temps de l'innocence et de l'égalité naturelle. Il n'est donc plus question de condamner en bloc la propriété et la distinction sociale qui, selon le «Discours», engendrent la guerre et, partant, le despotisme. Encore faut-il les contrôler: «...à l'égard de l'égalité, il ne faut pas entendre par ce mot que les degrés de puissance et de richesse soient exactement les mêmes, mais que, quant à la puissance, elle soit au-dessous de toute violence et ne s'exerce jamais qu'en vertu du rang et des lois, et quant à la richesse, que nul citoyen ne soit assez opulent pour en pouvoir acheter un autre, et nul assez pauvre pour être contraint de se vendre» (Pléiade III. P. 332). S'opposant à Montesquieu, Rousseau n'admet pas que la souveraineté du peuple puisse être répartie entre plusieurs pouvoirs: la question de savoir «si le genre humain appartient à une centaine d'hommes, ou si cette centaine d'hommes appartient au genre humain» (ibid. p. 353) ne peut être tranchée que dans le sens de la démocratie. Le concept de la «volonté générale» vise donc le gouvernement direct du peuple par lui-même. Il est vrai qu'il faut charger princes et magistrats de mettre en vigueur les décisions du peuple souverain, mais ces agents d'exécution, «fonctionnaires du souverain» sinon ses «domestiques rétribués» n'ont qu'une commission temporaire à remplir, quitte à se la voir retirer d'un instant à l'autre. Même le mérite ne crée donc pas de privilèges durables.

Jean Meslier est pour Voltaire «le plus singulier phénomène qu'on ait vu parmi tous ces météores funestes à la religion chrétienne» (Pléiade. «Mélanges». P. 1207). Il lui atteste des mœurs irréprochables; il laisse percer une certaine sympathie pour «ce mélancolique prêtre, qui voulait délivrer ses paroissiens du joug d'une religion prêchée vingt ans par lui-même» (ibid. p. 1208), mais, prudent, il prend ses distances avec le jugement radical que porte Meslier sur la religion. Voltaire se félicite même de ce que les extraits du «Testament» qu'on a publiés soient «heureusement purgés du poison de l'athéisme» (ibid. p. 1208). Et quand il justifie ses réserves, il est difficile de démêler la part de la naïveté, celle de l'hypocrisie et celle du cynisme: «Pourquoi adresser ce testament à des hommes agrestes qui ne savaient pas lire? Et, s'ils avaient pu lire, pourquoi leur ôter un joug salutaire, une crainte nécessaire qui seule peut prévenir les crimes secrets? La croyance des peines et des récompenses après la mort est un frein dont le peuple a besoin» (ibid. p. 1208). De l'autre côté, il explique très clairement, dans son «Abrégé de la vie de Jean Meslier» (Pléiade. «Mélanges». P. 455-457) les causes des ressentiments qu'éprouve ce petit curé de village à l'égard des autorités. Fils d'ouvrier, élevé à la campagne, il ne se désolidarise jamais des pauvres paysans exploités par les grands propriétaires et mystifiés par les prêtres, ses collègues. Ayant osé blâmer publiquement le seigneur du village coupable de «maltraiter le pauvre et dépouiller l'orphelin» (ibid. p. 456), il est sévèrement réprimandé par son archevêque. Sa colère rentrée le pousse à écrire le «Testament» où il dénonce justement la collusion de l'Eglise et de l'Etat mensongers, brutaux et spoliateurs. Anticipant sur le «Discours sur l'inégalité» et allant plus loin que l'auteur du «Contrat social» en condamnant sans ambages la propriété privée, il esquisse un idyllique communisme local (cf. texte 42), guidé par la vertu et la sagesse, garanti par une alliance des municipalités régionales et exempt de toute tutelle de l'Etat. Cet anarchisme naïf ne sait évidemment que faire de la personne du roi, symbole détesté de la tyrannie, vouée à une prompte disparition au moment où le peuple se rendra compte de sa propre force et de la prétention vide de ses oppresseurs.

## 13. **Enumérez quelques traits par lesquels le XVIII$^e$ siècle se distingue du siècle précédent.**

Le XVII$^e$ siècle, tel qu'il est représenté par ses grands écrivains,
— respecte l'autorité spirituelle de l'Eglise de même qu'il
— respecte l'autorité séculière de la monarchie, toutes les deux garantes de l'ordre,
— cultive le sentiment national en exaltant la gloire, la grandeur, la prospérité de la patrie,
— n'accepte la philosophie cartésienne que dans la mesure où elle ne remet pas en question la subordination, censée nécessaire, de l'individu à la société,
— standardise l'image de l'homme d'après le cliché d'une «nature générale»,
— développe une littérature qui, en recourant à la «vérité» immuable et exemplairement illustrée par les grands modèles de l'antiquité, explique le monde, mais ne cherche pas à le changer.

Le XVIII$^e$ siècle, tel qu'il est représenté par ses grands écrivains,
— s'attaque à l'autorité spirituelle de l'Eglise considérée comme championne du dogmatisme déraisonnable et de l'intolérance,
— s'applique à limiter l'autorité séculière de la monarchie pour l'empêcher de tourner au despotisme,
— cultive le caractère cosmopolite de la civilisation française,
— fait de la «philosophie» la principale arme de l'individu désireux de s'émanciper, intellectuellement et socialement, de la tutelle des autorités établies,
— différencie l'image de l'homme d'après les conditions historiques, géographiques, sociologiques de son existence,
— développe une littérature qui, en s'affranchissant de l'esprit du classicisme tout en copiant encore quelques-unes de ses formes, se met en devoir de faire progresser le monde d'après les concepts des sciences naturelles et des sciences humaines naissantes.

## 14. **Enumérez les principaux chefs d'accusation que le XIX$^e$ siècle adressait au XVIII$^e$.**

Dans la partie réservée au XVIII$^e$ siècle, le manuel reproduit quelques prises de position critiques d'auteurs du XIX$^e$ siècle, points de vue assez représentatifs du temps.
— L'irreligion de l'époque rationaliste est fustigée par Joseph de Maistre (cf. texte 32), chef de l'école traditionaliste ou théocratique qui voit dans la providence divine le principe de l'histoire. Pour lui, la révolution est le châtiment que Dieu a infligé aux hommes pour les punir de s'être livrés à la «théophobie», en l'occurrence au déisme, masque de l'athéisme. Considérer que le XVIII$^e$ siècle est «impie» est aujourd'hui un lieu commun qui remonte à la contre-révolution et qui est repris par les romantiques. Témoins Madame de Staël (texte 36), Chateaubriand (texte 44), Victor Hugo (texte 32: Questions et devoirs).
— La frivolité des «philosophes» est dénoncée par Madame de Staël (texte 36) qui reproche notamment à Voltaire la légèreté, l'irresponsabilité de son attitude et son manque de clairvoyance politique qui précipite la catastrophe qu'il prépare sans y croire.
— Le dilettantisme des écrivains qui propagent les «lumières» est réprouvé par Tocqueville (texte 40), historien et homme politique qui parle en connaissance de cause. Il met en doute le sérieux de ces «philosophes» amateurs qui touchent à tout, à la politique, à l'administration, à l'histoire, à la sociologie, à la psychologie, à la jurisprudence, sans jamais dépasser les abstractions faciles. Par manque de connaissances solides, ils n'arrivent ainsi qu'à jeter la confusion dans les disciplines qu'ils prétendent faire progresser. Pire: ils inculquent à leurs adeptes un optimisme superficiel, une foi frivole en l'intelligence mondaine qui finalement ne produira que du bavardage incohérent.

— L'esprit cosmopolite, phénomène à la mode au XVIIIe siècle, est critiqué par Chateaubriand (texte 47) qui le rend responsable du desséchement des sentiments qu'inspire à l'homme le contact familier avec ses proches et la nature qui l'entoure. Loin de l'appauvrir, le repli sur cette sphère personnelle pourrait même lui ouvrir l'accès de l'infini, alors que le «divertissement» affairé du cosmopolite le détourne de l'essentiel.
— L'intellectualisme des rationalistes est pris à partie par Anatole France (textes 41 et 50) qui, au nom d'un humanisme sceptique, rejette aussi la prétention scientiste de pouvoir résoudre tous les problèmes par l'emploi de méthodes scientifiques appropriées, car: «toute connaissance humaine n'est qu'un progrès dans la fantasmagorie», ou encore: «Les vérités découvertes par l'intelligence demeurent stériles».

## II. Connaissance du vocabulaire

1. **En établissant une liste des termes positifs du Siècle des Lumières, établissez, en leur opposant leurs antonymes, une liste des termes négatifs qui expriment en même temps les préjugés que les philosophes se faisaient fort de combattre.**

Cf. aussi texte 36: Documentation.

— **Lumières**: 1. la capacité intellectuelle, l'intelligence;
        2. les connaissances acquises, le savoir.
  **ant.**: ténèbres (sens propre et figuré); obscurantisme, superstition; ignorance.
— **homme éclairé**: homme dont la raison s'est formée par l'acquisition de l'instruction et l'exercice de l'esprit critique.
  **ant.**: ignorant.
— **raison**: faculté qui permet à l'homme de connaître, juger et agir conformément à des principes;
        (emploi spécial du XVIIIe siècle:) les «lumières naturelles», la philosophie.
  **ant.**: 1. folie, fanatisme;
        2. sentiment, passion.
— **«philosophe»**: (emploi spécial du XVIIIe siècle:) personne qui, par le culte de la raison appliquée aux sciences de la nature et de l'homme, cherche à répandre le libre examen et les lumières.
  **ant.**: (emploi péjoratif:) fanatique, obscurantiste.
— **liberté**: situation de la personne qui n'est pas sous la dépendance absolue de quelqu'un.
  **ant.**: servitude, esclavage.
— **égalité**: rapport entre individus égaux, c'est-à-dire, ayant les mêmes droits et charges.
  **ant.**: inégalité.
— **justice**: 1. reconnaissance et respect des droits et du mérite de chacun;
        2. principe moral de conformité au droit.
  **ant.**: iniquité; arbitraire; penchant au préjugé.
— **vertu**: force appliquée à suivre la loi morale.
  **ant.**: vice, immoralité.
— **droit**: 1. ce qui est permis, selon une règle morale ou sociale;
        2. ce qui constitue le fondement des rapports des hommes vivant en société.
  **ant.**: arbitraire; abus.
— **tolérance**: le fait de respecter la liberté d'autrui en matière d'opinions.
  **ant.**: fanatisme, intolérance.
— **constitution**: loi fondamentale qui détermine la forme du gouvernement d'un pays.
  **ant.**: 1. despotisme;
        2. anarchie.
— **citoyen**: (emploi spécial du XVIIIe siècle:) individu considéré comme personne civique, particulièrement national d'un pays qui vit en république.
  **ant.**: sujet.
(Définitions d'après le «Petit Robert» et le «Micro Robert»)

2. **Le français, langue universelle au XVIIIe siècle (cf. p. 89), a laissé des traces dans notre langue. Cherchez des mots qui, tels «amateur», «charme», «esprit», ont pénétré à cette époque dans l'allemand et y sont restés.**

Ces emprunts s'élèvent à quelques centaines. En voici un choix restreint.

**Architecture:** Balkon, Fassade, Foyer, Mansarde, Parkett, Salon, Souterrain, Terrasse.

**Armée:** Appell, Eskorte, Gardist, Gendarm, Grenadier, Invalide, Kadett, Kordon, Manöver, Militär, Revue, Taktik, Uniform.

**Cuisine:** Bouillon, Creme, Dessert, Diner, Filet, Kompott, Kotelett, Omelett, Roulade.

**Littérature et journalisme:** Belletrist, Bonmot, Bulletin, Feuilleton, Memoiren, Pamphlet, Plagiat, Polemik, Pointe, Presse, Redakteur.

**Théâtre:** Akteur, Debüt, Engagement, Gage, Kulisse, Repertoire, Souffleur.

**A relever encore:** Chanson, Detail, Ensemble, Etablissement, Etat, Fauxpas, Genie, Hotel, Industrie, Intendant, Jargon, Komplott, Kontrolle, Lektüre, Malheur, Marotte, Metier, Misere, Nuance, Parfum, Raffinement, Refrain, Regie, Regime, Routine, Sujet, Tick.

**Quelques adjectifs:** aktuell, bigott, blasiert, dezent, elegant, graziös, imposant, kompakt, kosmetisch, kriminell, leger, minuziös, monoton, offiziell, penibel, populär, prekär, prüde, radikal, sensibel, seriös, solide, sozial, spezifisch, sporadisch, steril, stupid, vage.

**Quelques verbes:** abonnieren, apportieren, arrangieren, frappieren, frottieren, genieren, gravieren, illuminieren, isolieren, kapitulieren, kupieren, lancieren, liieren, massieren, nivellieren, organisieren, persiflieren, personifizieren, plädieren, schikanieren, servieren, ziselieren.

(Source: «Der große Duden VII»: Herkunftswörterbuch)

# IV. LE XIXᵉ SIÈCLE : UNE RÉVOLUTION DANS LA LITTÉRATURE
Textes 51—81

## I. Connaissance de la matière

1. Quels rapports y a-t-il
   — entre la révolution industrielle et le goût du public qui lit,
   — entre le prix des livres et le nombre des lecteurs,
   — entre la scolarité obligatoire et le nombre des lecteurs?

Cf. l'introduction.

*Supplément d'information:*
— La révolution industrielle met définitivement fin à l'exclusif «circuit lettré» (Robert Escarpit) qui, depuis Gutenberg, a fourni, à un public cultivé restreint, une production littéraire matériellement et intellectuellement inaccessible aux masses. Le XVIIIᵉ siècle développe, par l'intermédiaire des «cabinets de lecture», le goût sinon «populaire», du moins «petit-bourgeois» pour les récits d'aventure et les romans dits «du cœur», et le XIXᵉ siècle met à profit les procédés mécaniques de la standardisation industrielle et commerciale pour aménager des «circuits de distribution populaires» qui imposent à un public de plus en plus large et de plus en plus anonyme ces genres narratifs censés «faciles» et, en plus, une petite littérature bigarrée d'almanachs naïfs, de livres d'astronomie et de «magie», de recueils d'anecdotes, d'ouvrages de conseils religieux, sentimentaux, pratiques, souvent médicaux et culinaires, mais aussi de classiques plus ou moins «révisés», c'est-à-dire condensés, filtrés, illustrés selon l'idée qu'on se fait alors du goût populaire.
De nos jours, le magazine féminin, avec son horoscope, ses conseils pratiques, son courrier du cœur, ses séries érotico-sentimentales, ses abrégés de romans à succès remplit une fonction sensiblement pareille: celle de l'évasion dont la génération du «machinisme» naissant, époque faussement idyllique, semble partager le besoin avec la nôtre, super-industrialisée, mais tout aussi affamée de succédanés du bonheur.
— La mécanisation (machines à fabriquer le papier, presses mécaniques) rend la production plus économique. Du coup, l'éditeur peut calculer le rendement en misant sur la quantité plutôt que sur la qualité de ses produits. Pour ce qui est de l'élégance du format, de la qualité du papier, du choix des caractères, de la densité des pages, de la solidité de la reliure, etc., un livre populaire bon marché, publié à l'intention d'une clientèle de masse, ne saurait concurrencer un livre de luxe destiné à des bibliophiles, mais il l'emporte de loin pour le nombre des exemplaires à tirer. La démocratisation de la littérature, qui s'opère au XIXᵉ siècle, est avant toutes choses un phénomène économique. Grâce à l'abaissement des prix, la littérature force le blocus intellectuel, traditionnellement imposé au peuple par l'alliance séculaire de la culture et de l'aisance.
— Guizot, ministre de l'Instruction publique sous la monarchie de Juillet, fait passer, en 1833, une loi qui oblige chaque commune à entretenir par elle-même ou en association avec des communes voisines au moins une école. En 1848, il y a ainsi soixante-trois mille écoles avec trois millions et demi d'élèves. Mais ce n'est que la IIIᵉ République (1881–82: Jules Ferry, Paul Bert) qui, en imposant l'obligation scolaire et la gratuité de l'enseignement, réalise une alphabétisation rapide du pays. Le nombre des lecteurs en puissance croît à l'avenant, et le marché du livre s'en ressent.

2. Qu'est-que le romantisme:
   — Attitude de l'esprit humain?
   — Réflexion nostalgique des hommes d'une certaine couche sociale sur la perte de leurs anciens privilèges?
   — Recherche d'un nouveau médiateur entre l'homme et le cosmos?
   Enumérez quelques faits à l'appui de l'une ou de l'autre thèse.

Les innombrables ouvrages consacrés au romantisme n'ont pas expliqué le phénomène. Pour circonscrire ses dimensions historiques, philosophiques, artistiques, psychologiques, politiques, voire sociales, les critiques littéraires ont proposé des séries entières de clichés divergents. Vouloir capter le complexe par une triple formule concise (transcendantale, sociologique, spéculative en l'occurrence), tient donc de la gageure. Réflexion faite, ce procédé ne le cède en rien, didactiquement parlant, devant une investigation exhaustive qui risquerait de s'embrouiller dans un chaos de «résultants» contradictoires.

— En tant qu'attitude (innée et invariable) de l'esprit humain, le romantisme, aussi généralement conçu, perce à jour dans toutes les époques littéraires. C'est ainsi qu'on a parlé par exemple des veines «romantiques» d'Ovide (8–12: «Tristium libri» V), de Gottfried von Straßburg (vers 1200: «Tristan»), de Dante (1293: «Vita nuova»), de Shakespeare (1601: «Hamlet»), de Goethe (1774: «Werther»), etc. Ce que ces œuvres, d'inspiration très diverse, ont en commun, c'est l'«impérialisme du MOI» (V.-L. Saulnier), la liberté créatrice conquise contre une réalité régie par une raison conventionnelle. Le succès qu'ont rencontré ces textes prouve que l'exaltation de l'imagination, du mysticisme, de l'amour-passion, et peut-être même de la réflexion suicidaire et de la folie correspondent à une disposition essentielle de l'homme. L'époque post-romantique a d'ailleurs vulgarisé et commercialisé ce besoin en lançant des séries populaires de récits et, plus tard, de films, dont les héros sont des «monstres» de facture grossièrement romantique.

— Le romantisme serait-il, du moins partiellement, un mouvement réactionnaire? Pierre Barbéris (cf. texte 61) le prétend. Ceux qu'il appelle les romantiques «de droite» auraient distillé, paraît-il, leurs frustrations politiques et sociales pour en tirer un sentiment existentiel, malheureux, il est vrai («le mal du siècle»), mais poétiquement extrêmement vigoureux, capable d'empoisonner des générations entières.
Cette hypothèse originale en vaut d'autres. En attendant les documents qui la prouvent, on pourra admirer la précision avec laquelle elle s'applique à certaines biographies.
Celle de Chateaubriand est exemplaire: «Hésitant sur sa vocation, il part pour l'Amérique du Nord où il voyage de juillet à décembre 1791. Il en revient en pleine Révolution, émigre et se réfugie en Angleterre de 1793 à 1800; Chateaubriand connaît alors la période la plus sombre de sa jeunesse tourmentée: ses déceptions et ses angoisses (il faillit mourir de faim!) se traduisent dans son «Essai sur les Révolutions» (1797)...» (Chassang-Senninger). En dépit des grands moments de sa future carrière d'écrivain et d'homme politique, Chateaubriand restera imprégné du pessimisme qui domine cette œuvre: aucune révolution ne sera capable de réaliser la liberté, l'égalité, la fraternité, et ceux qui le prétendent sont ou bien des dupes ou des imposteurs; la tolérance telle que l'exalte le «Vicaire savoyard» de Rousseau ne sert qu'à préparer l'avènement de régimes inhumains; et, sur le plan individuel, un homme malheureux, frappé par la misère, restera à jamais un paria traqué par la société. Obsédé par la perspective du déclin inévitable et de la mort, Chateaubriand écarte délibérément l'idée d'un bonheur terrestre régi par une «raison» critique. Il faut, en revanche, rétablir l'autorité morale, incontestable, de l'Eglise, ceci surtout pour montrer aux hommes mortels leur véritable patrie spirituelle.
Apologiste de la foi chrétienne, Chateaubriand s'apparente à deux penseurs «de droite», le vicomte Louis de Bonald (1796: «Théorie du pouvoir politique et religieux dans la société civile») et le comte Joseph de Maistre (1810: «Essai sur le principe générateur des constitutions politiques») qui, ennemis, comme lui, du jacobinisme athée et de l'égalitarisme démocratique, mettent à profit le temps passé à l'exil pour élaborer la théorie d'une théocratie universelle et providentielle, conductrice du monde et de l'histoire. Il est difficile de préciser à quel point les conséquences politiques et sociales de ces conceptions conservatrices (par exemple: la légitimité de la monarchie héréditaire, la restauration de la hiérarchie «naturelle» des classes, la distinction des activités humaines d'après leur «dignité» politique et religieuse, etc.) ont pu plaire aux écrivains romantiques: dès le début, le contre-courant démocratique est très puissant. Toujours est-il que les poètes les plus populaires, donc les plus influents tels que Lamartine et Hugo, propagent sinon les idées, du moins le climat intellectuel, spiritualiste et résolument anti-«philosophique», du mouvement traditionaliste.

— Pour Musset, le romantisme est «...la philosophie providentielle géométrisant les faits accomplis, puis s'élançant dans le vague des expériences pour y ciseler les fibres secrètes...» (cf. texte 53).
Cette définition, typique du romantisme flamboyant des années trente, s'appuie sur une tradition déjà solide qui remonte au romantisme précoce allemand. Novalis, écrivain guide de sa génération (1802: «Heinrich von Ofterdingen»), et avec lui les frères Schlegel (1800: Friedrich Schlegel, «Gespräch über die Poesie»), Tieck (1802: «Der Runenberg»), Görres

(1806: «Glauben und Wissen»), etc., conçoivent et illustrent une «Weltanschauung» dynamique qui entraîne la jeunesse intellectuelle d'Europe. Il s'agit de réorienter la conscience malheureuse de l'homme moderne, déchiré entre les aspirations d'une «âme» affamée d'absolu et les contingences de plus en plus pressantes, administrées par une «raison» qui n'en finit pas de s'émanciper. Le chemin du salut est cependant indiqué par les poètes qui sont en même temps historiens, prophètes, mages. Ils font revivre l'âge d'or de l'homme, époque mythique d'une communication totale heureuse, candide entre le créateur et les créatures, temps paradisiaque qu'évoquent aussi les poèmes et les contes anonymes de la poésie populaire. Exilés après l'avènement de la raison usurpatrice, péché originel de l'orgueil humain, myope et destructeur, ils nourrissent le feu de l'espoir: la rédemption s'annonce à quiconque sait déchiffrer les signes cabalistiques de la Nature transparente de l'esprit divin, et ceux du Rêve messager du salut.

Précisons que, primitivement, la «philosophie providentielle» n'a rien de délirant. Comme l'indique la formule de Musset, elle procède avec une rigueur toute géométrique pour classer les faits historiques et «naturels», c'est-à-dire, biologiques et psychologiques, puis pour les interpréter d'après le bréviaire des significations poétiques. Délirante, elle le devient dans un deuxième mouvement, et ceci par calcul méthodique: il faut s'élancer dans «le vague des expériences pour y ciseler les fibres secrètes». Puisque la raison est incapable de forcer les secrets du monde, il n'est que raisonnable de la mettre en veilleuse, de chercher des accès directs en recourant à l'inconscient, à l'hallucination, à l'illumination, au fantastique, au macabre, à la frénésie.

Peu soucieux, dans leurs œuvres, de cohérence philosophique, les romantiques français, et pas seulement les «mineurs», cultivent, temporairement du moins, ce côté sensationnel de la poésie. Citons Charles Nodier (1821: «Smarra»), Théophile Dondey (1833: «Feu et flammes»), Théophile Gautier (1836: «La comédie de la mort»), Pétrus Borel (1839: «Madame Putiphar»), Gérard de Nerval (1854: «Aurélia»). Victor Hugo, lui, prend assez vite ses distances avec sa période «frénétique» (1823: «Han d'Islande») pour s'orienter vers une vision cosmique puissante et sereine (1856: «Les contemplations»; 1859–1883: «La légende des siècles») qui résume de manière personnelle les cosmogonies idéalistes. Pierre, plante, animal, homme, ange, toutes les créatures forment une échelle continue dans la hiérarchie de la création. Le degré de leur malheur, la conscience de leur déchéance traduit la distance qui les sépare du créateur. L'homme, et notamment le poète, expression la plus pure du genre humain, exerce une fonction de médiateur dans cette hiérarchie: interprète de la nature châtiée par le mal, mage et prophète, il anticipe par le verbe la rédemption qui est préparée par la science et qui sera achevée par un acte de grâce de l'amour universel.

3. **Les jugements que le XXe siècle porte sur le romantisme sont assez divergents. Donnez quelques raisons que critiques et défenseurs du romantisme donnent à l'appui de leurs thèses** (Textes 54, 55).

— Monsieur Lepage (cf. texte 54) qui représente bien le type du petit-bourgeois raisonneur et propagateur d'idées reçues, s'attaque surtout à la «sensiblerie» romantique coupable de contaminer les éléments «faibles» de l'humanité, à savoir les femmes et les adolescents. Il ne précise pas la nature exacte du danger qu'il dénonce, mais il est permis d'interpréter sa pensée: «flatter les faibles dans leur faiblesse» équivaut à les confirmer dans leur laisser-aller, leur égocentrisme sentimental, leur veulerie morale. Il semble partager l'opinion d'Ernest Seillière (cf. texte 52) qui craint que «les puissances affectives de l'âme», cultivées à outrance selon des exemples étrangers, ne mènent à un enthousiasme déréglé et, partant, à un fanatisme politique des plus dévastateurs. Sur un plan plus étroitement littéraire, les critiques du romantisme font état de
 — — l'affection excentrique (exemple: les «frénétiques» tels que A. Rabbe et Pétrus Borel),
 — — la mythomanie (exemple: Théophile Gautier, «Albertus»),
 — — la verbosité (exemple: Musset, «Les nuits»),
 — — l'éloquence facile (exemple: Madame de Staël, «Delphine»; «Corinne»),
 — — l'absence d'observation et du dérèglement de l'imagination (exemple: les auteurs des romans «noirs» [Charles Nodier, «Jean Sbogar»] et «gais» [Paul de Kock, «Georgette»]).
— Avec Henri Bonnet (cf. texte 55), les défenseurs du romantisme mettent l'accent sur le rôle libérateur du mouvement qui débarrasse la littérature et les artistes de tout ce que la

tradition comporte d'usé et de mort. C'est ainsi qu'on jette le fatras des «règles» et des «bienséances» que les stériles imitateurs et continuateurs du classicisme font toujours passer comme «raisonnables» et «naturelles» (cf. Stendhal: «Racine et Shakespeare», 1823, et Victor Hugo: «La préface de Cromwell», 1827). Au nom de la vérité, de l'authenticité, de l'individualité on dépoussière la langue sujette jusqu'alors à une rhétorique que se disputent une anémique convention et le maniérisme. «La poésie n'est pas dans la forme des idées, mais dans les idées elles-mêmes» (Victor Hugo). Enfin, en abolissant toutes les distinctions arbitraires, qu'elles soient linguistiques, thématiques, esthétiques, morales, sociologiques, le romantisme ouvre la voie aux expériences littéraires futures, du naturalisme jusqu'à l'absurdisme.

4. **Comment l'Allemagne se présente-t-elle dans la perspective de Mme de Staël? Quelle a été l'influence du livre de Mme de Staël sur l'opinion que les Français se faisaient de l'Allemagne pendant la première moitié du XIXe siècle?** (Textes 51, 52)

Le portrait que fait Mme de Staël des Allemands (1810–1813: «De l'Allemagne») n'est pas moins flatteur que celui que Tacite esquisse des Germains; reste à savoir lequel de ces deux ouvrages est plus riche en clichés. C'est que tous les deux sont écrits pour des raisons politiques sinon pédagogiques, ceci pour flétrir certains aspects de la civilisation nationale qui périclite, en lui opposant l'image stylisée d'un peuple méconnu ou sous-estimé jusqu'alors. Dans le cas de Mme de Staël, le poncif tient bon. Ce n'est qu'après la défaite de 1871 que les Français éprouvent le besoin de le troquer contre un autre: le «bon Allemand» cède alors la place au «Prussien sauvage». Des esprits perspicaces tels qu'Ernest Seillière (cf. texte 52) se chargeront par la suite de brosser le portrait robot de l'«éternel Allemand». Le procédé est simple: l'«enthousiasme» bon enfant qui, selon Mme de Staël, domine l'âme allemande, n'a-t-il pas la tendance fâcheuse de dégénérer en fanatisme politique? Aveuglée par ses idées préconçues, Mme de Staël a le tort de ne pas prévoir cette évolution; pire, elle enculque une idée dangereusement naïve à des générations de Français. Aux lecteurs mal avertis, donc crédules, les Allemands sont présentés comme un peuple de philosophes, de savants, de poètes, de musiciens toujours imprégnés de l'esprit de chevalerie. Ce sont des chrétiens fervents épris de mysticisme et qui cultivent le sentiment de l'infini dans des systèmes philosophiques idéalistes (Kant, Fichte, Schelling) d'une rare hardiesse. Des poètes mages tels que Novalis leur apprennent les secrets de la nature enchantée et ceux des époques historiques inspirées par Dieu, tel le moyen-âge chrétien. Le génie national vit par l'enthousiasme, force motrice inépuisable puisqu'il est à la fois élan et action, volonté et devenir, donc infiniment plus puissant que les ressources limitées de la raison.

Peu «français», le livre de Mme de Staël est interdit par Napoléon dès sa parution et éreinté (et il continue de l'être) par les critiques soucieux du prestige national. Son rayonnement est pourtant intense. A en croire Ernest Seillière, «De l'Allemagne» prend la relève, auprès des «Rousseauistes», des livres de Jean-Jacques. La vague de fond irrationaliste qui traverse le siècle, est donc généreusement alimentée par le livre de Mme de Staël. Il s'ensuit que l'image type (et combien superficielle) de l'Allemagne et des Allemands est fidèlement transmise de génération en génération, du moins au cours de la première moitié du siècle: l'Allemagne est paisible, inoffensive; c'est la patrie de rêveurs quelque peu exaltés, mais on ne peut plus anodins. Fidèle au cliché, Victor Hugo décrète: «L'Allemagne...est le cœur (de l'Europe), la France en est la tête... L'Allemagne sent, la France pense.»

L'idylle ne survivra pas au Second Empire: c'est Bismarck qui en rompra le charme.

5. **Enumérez quelques événements de la littérature allemande et anglaise qui ont exercé une influence sur le mouvement romantique en France.** (Tableau p. 169)

**Quelques traductions importantes:**

1776: Shakespeare, «Œuvres complètes» (Le Tourneur)
1776: Goethe, «Die Leiden des jungen Werthers» (Seckendorff)
1777: Macpherson, «Ossian» (Le Tourneur)
1784: Ben Jonson, «Every man in his humour» (la baronne de Vasse)
1784: Sheridan, «The school for scandal» (la baronne de Vasse)
1785: Lessing, «Hamburgische Dramaturgie» (Cacault et Junker)

1785: Schiller, « Die Räuber » (Fridel et Bonneville)
1797: Ann Radcliffe, « The mysteries of Udolpho » (Mme de Chastenay)
1797: M. G. Lewis, « Ambrosio or the monk » (Deschamps, Desprez, Benoist, Lamare)
1799: Schiller, « Kabale und Liebe » (De la Martelière)
1802: Lessing, « Laokoon » (Vanderbourg)
1813: Scott, « The lady of the lake » (Mme de Bon)
1818: Scott, « Waverley » (Martin)
1819: Byron, « Childe Harold's Pilgrimage » (Pichot)
1820: Schiller, « Maria Stuart » (De Rougemont et Merle)
1820: Scott, « Ivanhoe » (Defauconpret)
1823: Goethe, « Faust I » (Sainte-Aulaire)
1823: Cooper, « The pioneers » (Defauconpret)
1824: Scott, « The lay of the last minstrel » (Pichot)
1826: Cooper, « The last of the Mohicans » (Defauconpret)
1830: Kleist, « Michael Kohlhaas » (Cherbuliez)
1832: Heine, « Reisebilder » (Loeve-Veimars)
1835: Kant, « Die Kritik der reinen Vernunft » (Tissot)
1835: Ben Jonson, « Volpone » (Pichot et Chasles)
1837: Chamisso, « Peter Schlemihl » (Martin)
1838: Dickens, « The Pickwick Papers » (Niboyet)
1840: Goethe, « Faust II » (Nerval)

6. **Donnez quelques exemples qui caractérisent l'attitude des auteurs romantiques vis-à-vis de la nature.**

Pour les romantiques, le caractère essentiellement spiritualiste de la nature ne fait pas de doute. Ce principe une fois acquis, ils se distinguent nettement par la façon dont ils la peignent et surtout par le degré de l'apport subjectif qu'ils font entrer dans la peinture.
Les exemples de Chateaubriand (texte 56) et de Lamartine (texte 57) sont significatifs à cet égard.
Les paysages de Chateaubriand, toujours la partie la plus vivante de son œuvre, ne sont point touchés, dans leur substance, par les effusions sentimentales d'une âme enthousiaste ou malheureuse. Peintre puissant, délicat, lucide, fidèle au caractère singulier de l'objet, il s'efface devant la beauté originale et locale de la nature. « Le sublime de la fôret américaine, la grâce nette des montagnes grecques, la grandeur du cirque romain, le tohu-bohu bariolé du campement oriental, les ciels bas et brumeux de la Germanie et les riants soleils d'Italie, les architectures exquises et les vierges solitudes, toutes les formes que la nature et l'homme ont offertes à ses yeux, il a tout su voir et tout su rendre. » (Lanson)
Pour Chateaubriand, la nuit (celle d'Amérique, celle d'Asie, celle de Grèce, celle du désert ou de la mer) n'est pas un poncif, un décor interchangeable n'ayant comme fonction que de servir discrètement la mise en scène du moi; si sa description est stylisée, elle l'est en fonction de sa propre loi. Fortement saisis dans leur réalité autonome, les éléments pittoresques ne sont pourtant retenus que dans la mesure où ils sont aussi picturaux. C'est ainsi qu'ils rentrent naturellement dans l'harmonie du tableau sans pour autant perdre leur authenticité.
Il n'en est pas de même pour Lamartine, le poète du sentiment vague, enivrant à force d'imprécision, « doué par malheur d'une facilité qui le dispensait de l'effort. Pas un paysage arrêté; pas un fait précis » (Lanson) qu'on puisse relever dans ses poésies. Lamartine réduit la nature à quelques clichés suggestifs (« Feuillages jaunissants; sentier solitaire; soleil pâlissant; faible lumière; obscurité des bois; air...parfumé; lumière...pure; la fleur tombe... ») d'une généralité indolente. « Tout ce qui est circonstance, réalité, forme visible de l'être s'efface » (Lanson). « Accumulation de temps neutres, intarissable discours qui se propage en un milieu incolore et inconsistant » (Gaëtan Picon), la poésie lamartinienne rend la nature immatérielle à un point qu'elle ne sert plus que de toile de fond au théâtre des sentiments changeants du poète. Défilent ainsi l'amour, la tendresse, le souvenir ému, le regret, la tristesse, le désespoir, la peur de la mort, la ferveur religieuse, sans qu'il soit nécessaire de changer le décor indéfiniment teinté par la mélancolie foncière du siècle.

**7. Montrez le fond commun des états d'âme désignés par ‹vague des passions› (texte 59), ‹mal du siècle› (texte 58), ‹ennui› (texte 68), ‹tristesse› (texte 60).**

— Selon Chateaubriand (texte 59), le **«vague des passions»** est une certaine «... mélancolie qui s'engendre au milieu des passions, lorsque ces passions, sans objet, se consument d'elles-mêmes dans un cœur solitaire». Ce malaise psychique et moral frappe de préférence les jeunes intellectuels sceptiques et blasés, historistes et psychologistes avant la lettre et dont les impulsions vitales tournent à vide, faute de projet existentiel qui vaille la peine d'être exécuté.

— C'est à peu près de la même façon que Musset (texte 58) décrit le syndrome du **«mal du siècle»**, avec cette différence qu'il indique plus précisément le dilemme de sa propre génération frustrée par le récent cataclysme national, perplexe devant un avenir incalculable et hésitante de même en face d'un présent qui a du mal à se définir.
Que faire devant un tel chaos? Musset esquisse trois solutions: «Les plus riches se firent libertins; ceux d'une fortune médiocre prirent un état et se résignèrent soit à la robe, soit à l'épée; les plus pauvres se jetèrent dans l'enthousiasme à froid, dans les grands mots, dans l'affreuse mer de l'action sans but». (La confession d'un enfant du siècle. Première partie. Chap. II) Tous cependant sont guettés par l'ennui, nul, à la longue, n'y échappera.

— C'est ce qui arrive à Madame Bovary, personnage de Flaubert (texte 68). Romantique de bas étage, Emma cultive, toutes proportions gardées, le même «insaisissable malaise» que les héros de ses livres favoris. Seulement, son **«ennui»** à elle a une consistance prosaïque, bourgeoise, autrement plus concrète que le vague à l'âme des littéraires. Emma souffre de la banalité de sa vie, de l'esprit épais de son mari; mais comme les ressources de son imagination sont modestes, elle se contente de clichés. Elle voudrait aller «enfermer sa tristesse dans un cottage écossais», elle serait heureuse avec «ce mari qu'elle ne connaissait pas», c'est-à-dire, avec un homme «beau, spirituel, distingué, attirant». Son malaise lui paraît être fortuit et non pas irrémédiable. Mais elle se trompe, et un cynique pourrait dire qu'elle sera punie pour avoir mal compris Chateaubriand et Musset.

— Françoise Sagan (texte 60) met en exergue à son roman un poème de Paul Eluard:

> Adieu tristesse
> Bonjour tristesse
> Tu es inscrite dans les lignes du plafond
> Tu es inscrite dans les yeux que j'aime
> Tu n'es pas tout à fait la misère
> Car les lèvres les plus pauvres te dénoncent
> Par un sourire
> Bonjour tristesse
> Amour des corps aimables
> Puissance de l'amour
> Dont l'amabilité surgit
> Comme un monstre sans corps
> Tête désappointée
> Tristesse beau visage.
>
> (La vie immédiate)

Ce texte, de sensibilité romantique (on dirait du Musset revu et corrigé par un surréaliste), est censé donner le ton du roman de Sagan. En fait, la pauvreté intellectuelle de l'héroïne, Céline, la rend incapable de toute élévation de sentiments et d'idées. Pour qu'enfin elle puisse se bercer dans cette **«tristesse»**, délicieux mélange de plaisir saturé et de regrets, il faut d'abord qu'elle mène à terme une intrigue laborieuse, histoire d'écarter Anne qui représente un style de vie opposé au sien. Son manège réussit: Anne se tue, accidentellement ou délibérément, qu'importe, et Céline se livrera dorénavant à une oisiveté voluptueuse corsée de remords. On est loin ici d'Eluard et encore plus loin de Chateaubriand. Françoise Sagan est passée maître dans l'art de peindre les petits sentiments avortés d'une certaine jeunesse «de consommation» mais qui aurait du mal à faire sien le désespoir pathétique de la génération du «mal du siècle».

**8. Montrez la différence entre ‹l'ancien et le nouveau système dramatique›.** (Textes 11, 62, 63)

**La tragédie classique**

— observe une versification réglementée: l'emploi de l'alexandrin est de rigueur de même que l'aménagement de la césure régulière entre les hémistiches. La syllabation est exactement définie. L'enjambement est proscrit. La qualité de la rime est exigée non seulement pour l'oreille, mais aussi pour l'œil. La disposition des rimes est indiquée par la règle de l'alternance: des rimes plates masculines doivent alterner avec des rimes plates féminines,
— respecte les trois unités, la vraisemblance et la bienséance (cf. «Exercices de compréhension et de contrôle: XVIIe siècle),
— se sert exclusivement du langage «noble»,
— recourt au récit pour éviter la représentation directe de scènes violentes ou triviales,
— bannit les éléments comiques ou grotesques,
— présente des actions modèles (ou bien: artificiellement condensées. Cf. la critique de Vigny [texte 63]) d'un intérêt général, donc indépendantes du moment historique et du lieu de l'action.

**Le drame romantique, par contre,**

— assouplit la versification en procédant notamment à une rupture de l'alexandrin en tronçons de longueurs variables; il admet ainsi que l'alexandrin classique soit opposé au vers coupé. Le rythme est donc irrégulier d'autant plus que l'enjambement ne choque plus. Assez nombreuses sont les rimes qui se distinguent par la graphie (ici — si; être — maître; vois — voix; vôtres — autres; etc.); en revanche, l'alternance des rimes est généralement respectée,
— néglige les unités de lieu et de temps et interprète largement celle de l'action, censée nécessaire. La «vraisemblance» classique est aussi bien sacrifiée que la «bienséance», ceci au nom de la «vie» dont la représentation directe serait affaiblie, paraît-il, par le respect de conventions esthétiques et morales surannées,
— emploie un langage plus concret et plus riche qui admet aussi des termes prosaïques («le manche du balai») et des tournures familières («à la barbe du vieux»). Le ton est plus varié, les images sont plus colorées, plus audacieuses,
— préfère le «grand spectacle» au récit,
— mélange les éléments pathétiques et comiques et ne craint pas le grotesque,
— aménage de larges expositions psychologiques et historiques et les enrichit d'une vigoureuse «couleur locale», ceci pour mieux rendre l'individualité des personnages et la singularité de l'action représentée.

Ajoutons que, dans l'évolution du théâtre, «Hernani» marque une date, mais ne fait pas école. En février 1830, Hugo fait triompher un style neuf, mais ce triomphe reste sans lendemain. Ni Dumas (1831: «Antony») ni Vigny (1835: «Chatterton») ni Hugo lui-même (1838: «Ruy Blas») ne peuvent sérieusement concurrencer le théâtre classique. Il n'y a que Musset qui, avec ses «comédies et proverbes» (1834: «On ne badine pas avec l'amour») et ses drames (1834: «Lorenzaccio») puisse s'imposer définitivement aux programmes. C'est aujourd'hui l'auteur le plus joué en France; et il doit ce succès moins aux théories, romantiques ou autres, dont il ne se soucie guère, qu'à une singulière intuition psychologique et à une souveraine imagination scénique.

**9. Le ‹sacre de l'écrivain› au XIXe siècle.** (P. 10, textes 64, 65, 66)

D'origine mythologique, le «poeta vates», fonctionnaire des dieux (sinon de Dieu), se fait supplanter, presque tout au long de l'histoire de la civilisation, par le «poeta doctus», fonctionnaire de la société. Mais le «Sturm und Drang» redécouvre, dans un contexte séculier, l'autonomie du génie créateur; et le romantisme combine les concepts du prophète et du génie pour sacrer l'écrivain guide. Victor Hugo se sent, assez paradoxalement, loyal interprète de Dieu (cf. texte 64) et Prométhée révolté en même temps.

«Pourquoi cacher ces lois profondes?
Rien n'est muré.
Dans vos flammes et dans vos ondes
Je passerai;

> J'irai lire la grande bible;
> J'entrerai nu
> Jusqu'au tabernacle terrible
> De l'inconnu...
> Jusqu'aux portes visionnaires
> Du ciel sacré;
> Et, si vous aboyez, tonnerres,
> Je rugirai.»

(«Les contemplations»: Au bord de l'infini. Pléiade. «Œuvres poétiques» II. P. 725).

C'est la candeur monumentale d'un homme d'élite trop conscient de sa supériorité. Microcosme divinement éclairé et éclairant, évangéliste et voyant, conservateur du patrimoine spirituel et artisan du progrès, messie de la nature et mage du verbe, et j'en passe: avec le recul du temps, on comprend mieux à quel point ce programme est chargé. Quoi d'étonnant si le poète doit essuyer, encore de son vivant, des railleries plus ou moins spirituelles. Exemple: «Qui est Victor Hugo? Mais c'est un fou qui se prend pour Victor Hugo».

Fou, le poète doit l'être à dessein, et voilà qui distingue, de l'illuminisme naïf de Hugo, la voyance conditionnée, expérimentale de Rimbaud. Les fameuses «lettres du voyant» (le texte 65 en reproduit un extrait) reprennent, il est vrai, l'essentiel de la conception romantique traditionnelle (Hugo, Michelet, Renan): le poète est un prophète qui dévoile au peuple les vérités secrètes de l'univers, c'est un Prométhée «voleur de feu» qui arrache aux dieux jaloux le flambeau de la civilisation, c'est un initié qui réapprend aux hommes aliénés par cette même civilisation le «langage universel», moyen de communication et de réconciliation absolues. Seulement, pour Rimbaud, le poète moderne n'a plus rien d'un ange ni d'un généreux titan, et il ferait bien de troquer son humanité contre une «âme monstrueuse». Il traduit l'idée par une image: «Imaginez un homme s'implantant et se cultivant des verrues sur le visage» (cf. la lettre à Paul Demeny du 15 mai 1871. Pléiade. P. 251). Pour être le «suprême savant», il faut être d'abord le «grand malade, le grand criminel, le grand maudit»; pour se faire voyant, il faut procéder d'abord à «un long, immense et raisonné dérèglement de tous les sens». Antoine Adam, critique et interprète, est plus concret: «Le poète, chez Rimbaud, n'est plus seulement voyant parce qu'il découvre les destinées de l'humanité. Il l'est grâce à la drogue, à la maladie, au crime, et parce qu'il cultive en lui les sensations rares et les hallucinations.» (Pléiade. P. 1075)

L'expérience de Rimbaud n'est pas solitaire. Baudelaire fait publier en 1860 «Les paradis artificiels», Walt Whitman exprime dans son grand livre (1855: «Leaves of Grass») une vision cosmique qui intègre indifféremment le bien et le mal («Si vous devenez dégradés, criminels, malades, je le deviens pour l'amour de vous». Citation d'après A. Adam: «Rimbaud». Pléiade. Introduction p. XXV), et Nietzsche s'apprête à redéfinir l'homme d'après des critères qui n'ont plus rien à voir avec la morale classique (1872: «Die Geburt der Tragödie aus dem Geist der Musik»). Créateurs tous les quatre d'un langage hautement expressif, envoûtant, délirant par moments, ils libèrent la poésie de ses dernières attaches rationalistes, quitte à en faire un «no man's land» esthétique au-delà de la civilisation bourgeoise.

C'est ce dernier aspect que relève Sartre (texte 66). Le «sacre» de l'écrivain, opération de plus en plus gratuite à laquelle la société n'a aucune part, le condamne finalement à l'isolement. S'il refuse de composer avec la bourgeoisie qui ne lui demande qu'un appui idéologique, il ne rencontre pas non plus le «peuple» qui n'a guère l'habitude de lire les «bons» auteurs. La question de savoir si l'écrivain «optera... pour la masse contre l'élite», est donc théorique. Certes, Victor Hugo, phénomène exceptionnel, est populaire. Mais ce fils de général connaît à peine le peuple. Son «socialisme», comme celui de George Sand et celui de Michelet, est un «sous-produit de l'idéalisme bourgeois» (Sartre: «Qu'est-ce que la littérature?». NRF. Collection «Idées». P. 149). Et «... tous les autres ont reculé devant la perspective d'un déclassement par en bas, qui les eût fait couler à pic, comme une pierre à leur cou» (ibid., p. 150). Le dilemme est inextricable: selon Sartre, la vocation de l'écrivain est d'entrer dans le combat social aux côtés des prolétaires, mais la bourgeoisie n'est pas près de le libérer de sa tutelle économique et culturelle. Il en résulte un climat d'aigreur et de ressentiment auquel il ne sera possible d'échapper qu'au moment de l'avènement d'une authentique littérature «engagée».

**10. Donnez quelques raisons pour le succès du genre romanesque au XIX<sup>e</sup> siècle.**

Genre à succès des cabinets de lecture dès le XVIII<sup>e</sup> siècle, le roman n'attend pas les titres de gloire que lui donneront Balzac, Stendhal, Flaubert, Zola pour évincer, dans le goût du grand public, la poésie et le théâtre. Sous l'Empire et sous la Restauration, une infralittérature abondante produit en séries romans sentimentaux, romans «noirs» et romans «gais». Le lecteur y trouve à bon compte l'éternel attrait de la littérature de consommation: une parfaite distraction qui l'entraîne loin de la réalité vécue, banale ou accablante. Cette littérature est stéréotypée, de facture quasi mécanique. Ses cadres, ses actions, ses types sont schématiques. Le roman «noir» par exemple présente infailliblement le scénario de la persécution: le méchant «persécuteur» traque une belle «persécutée» qui n'est qu'imparfaitement secourue par un généreux «protecteur». En publiant des romans-feuilletons fabriqués d'après le même canevas (cf. texte 75), les journaux s'attachent un nombre grandissant de lecteurs fidèles et contribuent ainsi au triomphe du genre.

Du point de vue des écrivains, le roman se prête à toutes les exigences du siècle. Non reconnu par les classiques, donc exempt des contraintes esthétiques et idéologiques qui ont fini par étrangler les genres traditionnels et notamment la tragédie, il s'adapte aussi librement à la personnalité et aux intentions du sujet créateur qu'à la nature de l'objet traité. On peut distinguer plusieurs options fondamentales:

— Celles des écrivains romantiques qui cultivent le roman psychologique comme véhicule idéal de l'auto-analyse ou d'une philosophie personnelle (exemple: 1834: Sainte-Beuve, «Volupté»), le roman historique qui satisfait leur goût du concret et de la vérité extérieure (exemple: 1829: Mérimée, «Chronique du règne de Charles IX») et le roman social qui, au nom du cœur, de la pitié, de la charité, entreprend de critiquer la société (exemple: 1862: Hugo, «Les misérables»).
— Celles des romanciers réalistes et naturalistes qui, en faisant du roman le miroir magique de la société, l'établissent comme le «grand genre» de la littérature moderne.

**11. Quels sont les buts du roman réaliste et naturaliste? Par quels moyens cherche-t-il à atteindre ces buts? Donnez quelques exemples.**

Cf. «Le roman réaliste et naturaliste»: Introduction.

*Supplément d'information*

Champfleury (1855: «Mademoiselle Mariette») et Duranty (1860: «Le malheur d'Henriette Gérard»), les théoriciens du mouvement réaliste (1857: «Le réalisme». Revue littéraire), n'en sont pas les meilleurs illustrateurs. Mais leur programme ne saurait être renié ni par Balzac (que les romantiques réclament pourtant comme l'un des leurs) ni par Flaubert ou les Goncourt. En voici les principes:

— Le roman réaliste dit ce qui est. Il prend donc ses distances avec «les œuvres distinguées, de bon goût» (Champfleury) qui déforment la réalité par l'artifice stylistique et la poésie gratuite. «La poésie est interdite sous peine de mort» (Duranty). En revanche, il faut procéder à la description exacte, à la peinture précise des milieux, à une documentation minutieuse qui se servira d'enquêtes et même des techniques photographiques et sténographiques.
— Le roman réaliste a pour principal objet la vie sociale; psychologiquement parlant, son but est de faire un tableau de la nature humaine par la description du milieu matériel et socio-culturel. Souvent, cette tentative est accompagnée d'une intention morale. Peindre la société corrompue (et la misère de ceux qui en souffrent) peut signifier aussi qu'on veut la changer en faisant appel à la solidarité humaine.

Zola, théoricien (1880: «Le roman expérimental»; 1881: «Les romanciers naturalistes») et romancier le plus fécond du naturalisme (1871–1893: «Les Rougon-Macquart»), passe outre au programme réaliste en recourant au «scientisme» de l'époque. Admirateur de Darwin, Taine, Claude Bernard, il se fait fort d'appliquer au roman les méthodes des sciences expérimentales. Il ne s'agit donc pas seulement d'observer et de décrire les «faits de la nature», ce qui serait la méthode réaliste, il faut aussi varier expérimentalement les situations matérielles, sociales, psychiques des personnages pour faire ressortir le «mécanisme des faits» qui conditionnent leur existence. Le roman naturaliste se propose donc de prouver que l'homme agit en fonction d'un déterminisme universel auquel il ne saurait se soustraire.

En fait, cette conception n'est pas défendable. «C'est de la science en trompe-l'œil» (Lanson). Zola reproduit naïvement l'erreur de Taine. Une œuvre d'imagination qui s'appuie sur des hypothèses arbitraires, n'est aucunement comparable à une expérience scientifique. L'œuvre de Zola est cependant rachetée par une imagination puissante et visionnaire et, souvent, par un style compact et précis.

**Trois exemples:**
— Le travail documentaire de Flaubert:
Un passage du roman «L'éducation sentimentale» (1869) traite accessoirement des poteries. Et voici ce que l'auteur fait pour s'informer à ce sujet:
«Je mène une vie agitée, mais non dans le grand monde; je suis perdu dans les fabriques de porcelaine. J'ai passé hier tout mon après-midi avec des ouvriers... Rentré chez moi, je lis des traités sur les faïences. Je n'ai pas été au bal des Tuileries ni à celui de l'Hôtel de Ville; les pots m'occupent trop.» (Lettre de Flaubert à sa nièce Caroline. Paris, 3 février 1886. Pléiade. «Œuvres» II. P. 1038)

— Le concept de Balzac:
«Le hasard est le plus grand romancier du monde: pour être fécond, il n'y a qu'à l'étudier. La Société française allait être l'historien, je ne devais être que le secrétaire. En dressant l'inventaire des vices et des vertus, en rassemblant les principaux faits des passions, en peignant les caractères, en choisissant les événements principaux de la Société, en composant des types par la réunion des traits de plusieurs caractères homogènes, peut-être pouvais-je arriver à écrire l'histoire oubliée par tant d'historiens, celle des mœurs. Avec beaucoup de patience et de courage, je réaliserais, sur la France au dix-neuvième siècle, ce livre que nous regrettons tous, que Rome, Athènes, Tyr, Memphis, la Perse, l'Inde ne nous ont malheureusement pas laissé sur leurs civilisations...»
(«La Comédie Humaine». Avant-propos. Pléiade I. P. 7)

— Zola esquisse un portrait:
Au cours de l'énorme travail préparatoire qui précède la rédaction de ses romans, Zola accorde un soin particulier aux fiches relatives aux personnages. En voici un exemple.
Angélique est l'héroïne du roman «Le rêve» (1888). Fille de Sidonie Rougon, elle est recueillie par l'Assistance Publique, puis adoptée par les Hubert. Elle vit en plein rêve mystique et meurt le jour même de son mariage.
«Angélique, 16 ans. Foi, charme, toutes les délicatesses du cœur. Sensibilité profonde. Une passionnée chaste. Blonde dorée, avec des yeux couleur de violette. Le visage un peu allongé, très délicat et très pur. Les yeux grands avec des sourcils et des cils plus foncés que les cheveux. Très petites dents que les lèvres rose pâle découvrent. Un air de vierge de vitrail, mais vivante, gaie et saine. Elle aime à rire...
Elle est une Rougon-Macquart. En instinct chez elle, l'orgueil et la volupté, la passion. L'éducation des Hubert, et le milieu qu'elle habite, la transforme, et dès lors la lutte du respect et du devoir, contre l'orgueil et la passion. Tout le mouvement de la figure est là, ne pas l'oublier. Toute l'hérédité, un rejet des Rougon-Macquart transplanté et cultivé, et dès lors sauvé. Tout l'effet du milieu.»
(«Les Rougon-Macquart». Pléiade IV. P. 1637)

## 12. Qu'est-ce que le ‹bovarysme›? (Texte 70)

D'après Dédéyan, le «bovarysme» est un «pouvoir d'illusion» qui «en nous-mêmes nous fait concevoir autres que nous sommes». Il en résulte un dédoublement de la personnalité et, partant, un sentiment de frustration. Dans le cas de l'héroïne de Flaubert, le mal est d'origine romantique. «La leçon, grave et profonde, c'est le danger du romantisme: nous voyons ce que les grandes aspirations lyriques, les vagues exaltations, transportées dans la vie pratique par des âmes vulgaires, peuvent produire d'immoralité, de chutes et de misères sans grandeur» (Lanson). Pour Dédéyan, ce «mal du siècle» est cependant éternel, et il ne touche pas que les «âmes vulgaires». Cette généralisation prête â discussion. Moraliste sinon moralisateur d'inspiration conservatrice, Dédéyan semble reprocher à «toute l'humanité en général» de ne pas vouloir s'accommoder d'une «personnalité réelle, produit de la contrainte». Or, il est permis d'imaginer une personnalité qui évolue après s'être libérée, ne serait-ce que partiellement, de cette contrainte qui, souvent, n'attend que d'être levée. Pour une nature forte, le fait de «croire que nous sommes ce que nous voudrions être» est peut-être simplement un ressort vital indispensable à la réussite du projet existentiel. Témoin Goethe qui, dans son autobiographie, décrit, il est vrai, les efforts qu'il doit faire pour combattre une attitude velléitaire, sorte de «bovarysme» avant la lettre, mais qui, sûr de ses moyens, ne renie jamais l'idéal de l'homme qu' «il voudrait être» pour, finalement, le devenir.

### 13. Expliquez l'opposition entre l'art réaliste et l'art formaliste. (Texte 74)

Pour Camus, ces positions contraires, considérées dans leur sens absolu, ont quand même un point commun: elles sont «absurdes». Il s'explique en recourant à une opposition insolite de termes philosophiques: «Mais de même qu'il n'y a pas de nihilisme qui ne finisse par supposer une valeur, ni de matérialisme qui, se pensant lui-même, n'aboutisse à se contredire, l'art formel et l'art réaliste sont des notions absurdes». (Pléiade. «Essais». P. 672)

Un réalisme conséquent devrait «affirmer la totalité immédiate du monde» (ibid. p. 671), alors que le «vrai formalisme est silence». Or, l'art suppose un acte créateur logiquement incompatible avec ces deux concepts poussés à leurs points extrêmes. L'art «réaliste» pratiqué, l'art «formaliste» pratiqué se contentent donc de marquer des **tendances** «matérialistes» respectivement «nihilistes». Contradictoires en apparence, ils correspondent ainsi à une aspiration intime de l'homme qui «refuse le monde tel qu'il est, sans accepter de lui échapper» (ibid. p. 664). Le «refus» se traduit par le degré relativement haut de l'abstraction qu'observe par exemple un sculpteur formaliste qui veut «ramener le désordre des gestes à l'unité du grand style» (ibid. p. 660); l'«acceptation» se traduit par le degré relativement bas de la stylisation que s'octroie par exemple un peintre réaliste désireux de capter la «réalité brute».

Le roman, lui, même s'il se veut «naturaliste», ne saurait se rapprocher de la réalité sans la décomposer, puis la recomposer selon une conception forcément subjective. Idéaliste, il peint «un monde imaginaire, mais créé par la correction de celui-ci» (ibid. p. 667), réaliste, il «naît d'une mutilation, et d'une mutilation arbitraire, opérée sur le réel» (ibid. p. 669).

### 14. Pourquoi parle-t-on d'un ‹réalisme critique› (par opposition au ‹réalisme socialiste›)?

Né au XIX$^e$ siècle, évoluant au XX$^e$ siècle, le réalisme critique peut être considéré en dehors de toute idée d'école. Ce n'est donc pas l'application d'un programme bien défini, mais une attitude artistique générale qui, à travers générations et littératures nationales, se distingue pourtant par une conception cohérente du monde. En voici les traits caractéristiques:
— L'imagination gratuite est sacrifiée à l'observation: «La littérature doit prendre les allures de la science» (Flaubert). L'irréel ne passe donc plus. Le goût romantique pour la légende, le fantastique, le surnaturel, le rêve, la magie est disqualifié.
— L'observation est méthodique et critique: «Du roman à la critique et de la critique au roman, la distance aujourd'hui n'est pas grande. L'un et l'autre sont maintenant une grande enquête sur l'homme». (Taine.)
— Comme le monde contemporain se prête mieux à l'observation et à la critique, l'objet idéal de l'art est «l'homme d'aujourd'hui dans la civilisation moderne». (Champfleury)
— La connaissance objective et précise qui résulte de ces procédés, permet de vérifier les lois du réel que sont l'utilité, l'évolution, l'hérédité, la sélection naturelle et la lutte des classes.
— Cette connaissance n'est pas une valeur en soi. Elle fait comprendre à quel point la société bourgeoise est injuste, spoliatrice, discriminatoire, aliénante, hypocrite, à quel point une révolution sociale serait logique. C'est ici que les observateurs, plus ou moins impassibles, se transforment en accusateurs engagés.
— Ce sont pourtant des bourgeois eux-mêmes, imprégnés de la culture, de l'esthétique, du style de vie bourgeois, et bien incapables de mener une existence semblable à celle des prolétaires qu'après tout ils connaissent assez mal.

Le «socialisme réaliste», par contre, est un programme doctrinaire officialisé dans les pays communistes après la victoire du prolétariat révolutionnaire. Fidèles à la «partialité» idéologique prescrite par les autorités politiques, poètes, romanciers, dramaturges, cinéastes, peintres, sculpteurs, compositeurs s'efforcent d'illustrer, dans leurs œuvres, les étapes, tragiques ou glorieuses, du combat livré par la classe ouvrière aux puissances de la réaction.

### 15. Qu'est-ce qu'un sonnet?

Cf. texte 78: Style et poésie.

## 16. Qu'est-ce que la synesthésie? Pourquoi les symbolistes en font-ils un emploi fréquent?

‹Synesthésie› est d'abord un terme psychologique qui signifie une «relation subjective qui s'établit spontanément entre une perception (ou une image) et une image appartenant au domaine d'un autre sens (ex.: son, parfum évoquant de façon constante une couleur déterminée)». (Définition d'après le «Petit Robert»).
Le romantisme allemand (Brentano, «Abendständchen»: «...blickt zu mir der Töne Licht») et le symbolisme français (Baudelaire, «Correspondances»: «...des parfums frais..., doux..., verts...»; Rimbaud, «Voyelles»: «A noir, I rouge, U vert, O bleu...»; Mallarmé, «Apparition»: «De blancs sanglots glissant sur l'azur des corolles») en font un procédé qui, par delà sa valeur purement stylistique, indique, au plan métaphysique, une «correspondance» objective du sensible et du spirituel. Les couleurs, les sons, les parfums sont les symboles multiples d'une réalité identique que le poète, «déchiffreur de l'universelle analogie», est seul capable d'interpréter. Sous la surface chaotique de l'univers, il trouve une unité profonde et mystérieuse qu'il lui incombe de révéler, par des images suggestives, incantatoires et pourtant «mathématiquement exactes» (Baudelaire) à une humanité qui a perdu depuis longtemps l'usage de l'imagination créatrice.

## 17. Pourquoi les poètes modernes font-ils un grand usage de l'enjambement?

Il y a enjambement lorsque la fin du vers sépare deux termes étroitement liés entre lesquels le débit normal ne comporte aucune pause. Condamné par Boileau, l'enjambement est quand même quelquefois pratiqué par les poètes classiques et, à plus forte raison, par les auteurs romantiques qui, à cause de son caractère jusqu'alors insolite, en font une source d'effets stylistiques.
Chez les poètes modernes, la rupture du rythme par l'enjambement est souvent recherchée pour elle-même. Le moule classique ne correspond plus à une sensibilité poétique moderne qui sacrifie volontiers l'harmonie superficielle de la mesure fixe au dynamisme d'une imagination débordante qui se joue des contraintes formelles. «Les grands écrivains n'ont pas été faits pour subir la loi des grammairiens, mais pour imposer la leur, et non pas seulement leur volonté, mais leurs caprices» (Paul Claudel: «Positions et propositions»). Une syntaxe poétique affranchie des enchaînements normaux peut évoquer, par le libre jeu des rejets, le tumulte d'un monde qu'apparemment la raison ne régit plus, mais elle peut aussi servir de moule à une expression créatrice (à savoir autonome, exploratrice respectivement innovatrice) puissamment rythmée qui recompose le chaos en le transcendant.

## II. Connaissance du vocabulaire

### 1. Donnez quelques exemples pour l'emploi du mot ‹romantique›
  – dans un contexte littéraire,
  – dans un contexte artistique (peinture, musique),
  – dans un contexte politique et social.

**Littérature:**
«De 1800 à 1830, il y a un moment **romantique** de chaque littérature européenne; mais il ne se produit pas partout au même instant.»
(Gaëtan Picon: «Histoire des littératures» II. Pléiade. P. 140)

**Peinture:**
«...les vrais portraits **«romantiques»**...sont ceux que Courbet fait complaisamment de lui-même; les vrais paysages **romantiques,** ceux du Corot de la première époque.»
(Galienne Francastel: «La France et les Français». Pléiade. P. 863)

**Musique:**
«Schubert et Schumann sont tout pénétrés de **romantisme:** ils en ont la sensibilité frémissante, la fougue passionnée, la prédilection pour les légendes populaires.»
(Cours d'histoire Malet-Isaac. Classe de seconde. Hachette. P. 531)

**Politique et problèmes sociaux:**
«Les années 1840-50 ont vu une nette évolution du **romantisme** vers la politique. Cette tendance se précise, mène au **romantisme social**: amour et industrie, dans la suite du saint-simonisme.»
(V. L. Saulnier: «La littérature française du siècle romantique». P.U.F. Collection «Que sais-je?» 156. P. 64)
«N'omettons pas... l'œuvre de la seconde période de George Sand (1840-1848), celle de «Consuelo», «Le meunier d'Angibault», «Le péché de Monsieur Antoine», où, sous l'influence de penseurs socialistes ou socialisants (Lamennais, Pierre Leroux), elle met sa plume féconde au service des problèmes sociaux, prêchant, à travers les aventures sentimentales et les amours toujours **romantiques,** une philosophie sociale qui ne l'est pas moins.»
(Ph. van Tieghem: «Le romantisme français». P.U.F. Collection «Que sais-je?» 123. P. 84)

2. **Expliquez l'importance des mots suivants pour le romantisme:**
   nature, rêve, inconscient, histoire, nation, passion, fantastique, foi chrétienne, solitude.

- **Nature** (cf. aussi texte 57: Littérature et civilisation). Sous des dehors chaotiques, la nature révèle à l'initié, c'est-à-dire au poète, un système cohérent de significations qui témoignent de son essence divine. Inaccessible à la raison profane, elle offre un refuge à ceux qui souffrent de la civilisation aliénante. Consolatrice et inspiratrice en même temps, elle évoque le temps paradisiaque (passé et futur) d'une harmonie communicative universelle.
- Le **rêve** est l'expression de l'**inconscient** qui, lui, sert de terre d'asile à la vérité que la raison usurpatrice pourchasse en vain. Illogiques, fragmentaires, mais cohérents dans un sens plus profond, les messages oniriques recomposent le paradis perdu et annoncent de nouveau un avènement futur.
- **L'histoire,** surtout le passé national (cf. le mot clé **nation**), s'oppose dialectiquement à l'internationalisme rationaliste et ahistorique des «lumières» qui menacent de dessécher l'imagination productrice. Mais le poète «... prend le passé pour racine...» et a «... pour feuillage l'avenir...» (Hugo. Cf. texte 64), et son œuvre de salut est d'autant plus efficace qu'elle émane organiquement de l'âme nationale, créatrice de traditions vivantes et dont la capacité de reproduction est inépuisable.
- La **passion,** force instinctive, donc sacrée, débordante, incontrôlable, est mobilisée, elle aussi, par la sensibilité romantique, pour tenir en échec la raison, esclave de l'utilité et du compromis mensonger. Le romantique accède donc à la plénitude de la vie, au bonheur non pas par la réflexion conditionnée, mais par le réflexe impulsif, ceci surtout sur le plan érotique: l'«amour-passion», valeur absolue, projette l'homme dans l'infini de la sensation et de la connaissance.
- Le **fantastique,** substance des rêves (qui, eux, en sont le véhicule préféré), fait surgir, par éclairs, la réalité cachée de l'univers. Traduire «fantastique» par incohérent, voire absurde, c'est faire preuve d'insensibilité ou d'ignorance coupable: le fantastique présente les éléments épars d'une entéléchie dont la totalité grandiose est restructurée par l'imagination poétique.
- La **foi chrétienne** est moins prisée pour sa substance dogmatique et sa morale positive que pour l'irradiation émotionnelle de son culte. Son symbolisme est à la fois populaire et ésotérique; son spiritualisme crée un climat de fraternité mystique propice à l'épanouissement de l'âme. Son principe de la charité inconditionnelle et universelle correspond à l'idée d'une harmonie sociale générale chère aux romantiques, et sa conception du péché originel et de la rédemption est à la base de la théorie romantique qui conçoit l'histoire comme une période de transition douloureuse entre l'âge d'or primitif, disparu avec l'avènement de la raison, et l'âge d'or eschatologique qui réconciliera l'innocence miraculeusement récupérée avec une conscience absolue.
- La **solitude** est nécessaire à l'âme qui désire «... se trouver seule devant Dieu» (cf. texte 56). La vie en société, et notamment le divertissement mécanique fourni par les salons mondains, détourne l'homme de sa destination spirituelle. Fuir le bavardage incessant, paniqué de la société frivole, s'isoler dans la nature sauvage, se concentrer sur soi-même, voilà qui prépare l'homme à l'initiation qui lui livrera le secret de la création divine.

3. **Le souci du ‹mot propre› des romanciers réalistes et naturalistes. Cherchez quelques exemples dans les textes 72, 75, 76.**

Texte 72:
«une sorte de salon d'attente, **poussiéreux** et **fripé**, tendu de faux velours d'un vert **pisseux**, **criblé** de taches et **rongé** par endroits...»

Texte 75:
«Les cloisons recrépies de plâtre **noirci** par le temps, et **crevassées** de nombreuses lézardes, laissent apercevoir les lattes **vermoulues** qui forment ces minces parois...»

Texte 76:
«...le pétrole de la lampe viciait l'air de la salle, déjà **empuantie** d'oignon **frit**».

Dans ces trois exemples, le «mot propre» est toujours un adjectif, particulièrement qualifié pour rendre avec précision toute la laideur pittoresque d'un intérieur.

# V. LE XXe SIÈCLE: CRISE ET MÉTAMORPHOSE DE LA LITTÉRATURE

Textes 82–103

## I. Connaissance de la matière

1. **Quelles crises ont eu une influence sur la littérature du XXe siècle ?**
2. **Donnez quelques raisons qui expliquent la crise de l'humanisme au XXe siècle.**

Cf. Introduction: — Caractère général du siècle.
— La crise de l'humanisme et l'existentialisme.

Le siècle des «lumières» prône la civilisation idéale; c'est un état de perfection générale que la société humaine atteindra au bout de sa longue marche: le progrès est irrésistible.
De disposition plus relativiste, le siècle romantique et réaliste proclame la civilisation nationale géographiquement et historiquement limitée, qui développe et défend un système cohérent (ou censé tel) de pensées philosophiques et religieuses, de conceptions morales et juridiques, de théories artistiques et scientifiques, de réalisations institutionnelles et techniques.
Héritier à la fois de l'un et de l'autre de ces concepts, l'humanisme tardif du XIXe et du XXe siècles, syncrétique et éclectique, cherche à les harmoniser (ou du moins à masquer leur divergence de base) en les ancrant dans la tradition millénaire de la pensée européenne, ceci, bien entendu, en épurant complaisamment les apports des différentes époques. C'est ainsi qu'il considère
— la Grèce antique comme la patrie de la liberté et de la démocratie et comme celle d'un esprit philosophique, esthétique, scientifique à l'image de l'homme, mais il a tendance à oublier que cette société exemplaire ne peut exister que dans la mesure où elle est «esclavagiste»: le bien-être, d'ailleurs relatif et précaire, de quelques-uns est garanti par la servitude inconditionnelle de tous les autres;
— Rome comme l'organisatrice de l'Etat universel (et, plus tard, comme propagatrice plus ou moins involontaire du christianisme impérialiste), sans s'arrêter longtemps aux restrictions rigoureuses qu'un Etat qui entend rester fort, doit imposer à la liberté de ses citoyens;
— le christianisme médiéval comme champion de l'égalité des hommes devant Dieu et, partant, de la dignité de la personne humaine, sans faire grand cas de la déformation que l'hypocrisie et le fanatisme font subir à cet idéal;
— l'esprit de la Renaissance et, à plus forte raison, le rationalisme comme la consécration de l'individu autonome, sans dénoncer l'insuffisance des théories et l'inefficacité des méthodes élaborées à l'appui de cette chimère;
— les grandes révolutions comme le triomphe de l'émancipation politique, sans relever l'aporie fondamentale résultant des exigences contradictoires de la liberté et de l'égalité.
Quiconque veut réduire ces antagonismes, a besoin d'une virtuosité dialectique d'envergure hégélienne, mais, à la longue, la précarité de l'humanisme conciliateur ne fait plus de doute. Contrairement à la conception idéaliste, l'univers se révèle ne pas être «raisonnable» du tout, et Marx, Nietzsche, Freud, parmi d'autres, battent en brèche les fortifications que la civilisation occidentale a savamment érigées pour mettre les individus d'élite (du moins ceux-là) à l'abri des forces collectives et inconscientes finalement incontrôlables et dont la montée sera irrésistible. La «barbarie» moderne ébranle l'Europe à travers une série de crises morales, idéologiques, sociales, économiques dont quelques-unes entraînent de véritables cataclysmes. Il en résulte une angoisse existentielle générale qui explique qu'on ait pu appeler l'époque actuelle le «siècle de la peur».
Pour ce qui est plus précisément de la France,
— l'affaire Dreyfus (1894–1906) fait éclater l'illusion d'une «unité nationale», et les écrivains, oubliant leur objectivité professionnelle, s'engagent du côté de la «droite», comme Maurice Barrès et Paul Bourget, ou de la «gauche», comme Anatole France et, temporairement, Romain Rolland;
— la première guerre mondiale (1914–1918) révèle, à travers les bruyantes mises en scène du chauvinisme triomphant, l'absurdité de la souffrance et de la mort anonymes (1916: Henri Barbusse, «Le feu»; 1919: Roland Dorgelès, «Les croix de bois»);

— la victoire du fascisme en Italie (1922), en Allemagne (1933), en Espagne (1939) encourage les mouvements d'extrême-droite («Camelots du roi», «Jeunes patriotes», «Faisceau», «Francisme», «Croix de feu») qui souhaitent, eux aussi, un régime autoritaire, national et social sous la direction d'un chef «providentiel» (1934: Drieu la Rochelle, «Socialisme fasciste»). La majorité des Français se prononce cependant, lors des élections législatives de 1936, pour le «Front populaire» (communistes, socialistes, divers gauches, radicaux) dont la politique anti-fasciste n'est pas pour déplaire à la plupart des écrivains engagés (1934: André Chamson, «L'année des vaincus»; 1937: André Malraux, «L'espoir»; 1938: Paul Eluard, «La victoire de Guernica»; 1938: Georges Bernanos, «Les grands cimetières sous la lune»);

— la crise financière et économique presque incessante des années trente entraîne une crise sociale qui fait prendre conscience aux masses laborieuses de leur situation insatisfaisante, mais aussi de leur importance numérique, facteur politique de premier ordre et qui pourrait être décisif dans la lutte des classes, ceci au détriment du capitalisme (Simone Weil, «La condition ouvrière». Cet ouvrage, publié en 1951, relate la vie et le travail de l'auteur en tant qu'ouvrière chez Renault en 1934 et 1935; 1946: Joseph Paul-Boncour, «Entre-deux-guerres»; 1947: Georges Philippe Friedmann, «Problèmes humains du machinisme industriel»; 1955: Roger Vailland, «325 000 francs»);

— la deuxième guerre mondiale (1939–1945) déclenche des forces destructrices d'une violence jusqu'alors sans exemple. Au plan moral, elle familiarise le monde avec des atrocités telles que les déportations massives, les massacres sommaires et les génocides bureaucratiquement organisés. Elle se termine sur la vision apocalyptique d'une catastrophe nucléaire dont la menace continue de planer sur le monde. Pendant les années de l'occupation (1940–1944), la situation interne de la France est caractérisée par l'antagonisme qui oppose le mouvement de la «Collaboration» à celui de la «Résistance». (1941: Henry de Montherlant, «Le solstice de juin»; 1941: Robert Brasillach, «Notre avant-guerre»; 1941: Céline, «Les beaux draps»; 1942: Vercors, «Le silence de la mer»; 1943–44: Albert Camus, «Lettres à un ami allemand»; 1945: Roger Vailland, «Drôle de jeu»; 1953: Henry de Montherlant, «Textes sous une occupation»; 1957: Marguerite Duras, «Hiroshima mon amour»);

— la guerre d'Algérie (1954–1962) provoque, en France, une crise morale profonde. Les anciens «résistants», héros sans peur et sans reproche de la libération, se voient accuser, par l'opinion publique internationale, de mener une politique de racisme et de répression, de tolérer ou même de conseiller la torture et les exécutions sommaires. La France officielle essaie longtemps de minimiser le scandale, et les partisans de l'Algérie française sont plutôt honteux du fait qu'un ramassis mal armé de paysans et de bergers puisse contraindre une grande nation à abandonner un sol qu'elle a déclaré partie intégrante de son territoire (1974: Antoine Argoud, «La décadence, l'imposture et la tragédie»). Il est donc tout à l'honneur de quelques écrivains et journalistes de dénoncer et de documenter, malgré la censure et une opinion publique hostile, l'inhumanité et l'hypocrisie d'une politique réactionnaire (1939–1958: Albert Camus, «Chroniques algériennes»; 1958: Jean-Jacques Servan-Schreiber, «Lieutenant en Algérie»; 1967: Jean-Paul Sartre, «Le génocide». Cf. texte 91; 1972: Pierre Vidal-Naquet, «La torture dans la république»).

3. **Expliquez la position existentialiste par opposition à la position humaniste.**
6. **Expliquez la conception existentialiste de l'homme d'après cette phrase de Sartre: «L'homme existe d'abord,... et... se définit après.»**

Cf. Introduction: — La crise de l'humanisme et l'existentialisme.
— Texte 85.

Tel qu'il est représenté par Jean-Paul Sartre, Simone de Beauvoir et, avec quelques tendances diverses, par Albert Camus,
l'existentialisme
— part du principe que l'existence précède l'essence: l'homme, jeté dans la vie, ne saurait s'appuyer sur aucune valeur qui lui indique a priori un objectif et une tâche. Il n'est donc pas «universel» comme le prétend l'humanisme, mais «en situation», c'est-à-dire conditionné, positivement ou négativement, par le moment historique et la forme de la société dans laquelle il entre en naissant;
— est conséquemment athée: Dieu ou une raison providentielle n'existant pas, l'homme est

condamné à être libre. Dans un monde absurde, il ne peut compter que sur lui-même pour donner un sens à sa vie, alors que l'humanisme lui assigne la tâche de justifier son existence en la conformant à un idéal objectif;
— prône, malgré la certitude de l'échec final, l'éthique difficile d'un engagement social exemplaire. Puisque «l'homme n'est rien d'autre que ce qu'il se fait» (Sartre), il trouve sa dignité dans la morale du «choix» qu'il se doit de faire quotidiennement dans le sens de la solidarité humaine en face d'une société injuste et hypocrite.

L'homme libre assume ce choix toujours original, et il se distingue ainsi
— — de l'«homme sérieux» de type humaniste qui, dupe de ses «valeurs» chimériques, agit, de bonne foi, en fonction de principes tout aussi inaltérables qu'inefficaces quand il s'agit de changer une situation concrètement insupportable;
— — du «salaud», bourgeois exploiteur qui, de mauvaise foi, feint aspirer aux mêmes idéaux (patrie, travail, propriété, religion, paix sociale, etc.), mais qui, évidemment, ne cherche qu'à stabiliser, aux dépens de la classe ouvrière, son existence parasitaire;
— — du «sous-homme» qui, abdiquant de plein gré intelligence, discernement moral, solidarité de classe, se plie à la discipline répressive d'une société spoliatrice, pourvu que celle-ci lui donne de quoi assouvir ses besoins élémentaires;
— — de l'«aventurier» qui, naturellement capable de générosité, de dévouement, de courage exemplaires, ne réalise pourtant ces belles qualités qu'au service d'un moi arrogant, capricieux et qui s'enferme volontiers dans une isolation aristocratique, donc socialement stérile.

Par les exemples négatifs, cette typologie permet, mieux sans doute qu'une caractérisation exclusive, de circonscrire la position existentialiste qui, dans la littérature de l'après-guerre, supplante la tradition humaniste à un point que celle-ci se voit même privée de nom. Pour Sartre, «l'existentialisme est un humanisme». Tel est le titre de l'essai (1946) qui résume l'essentiel de sa philosophie.

**4. Quelle ‹image idéal› de l'homme se font**
— **André Gide,**
— **François Mauriac,**
— **Antoine de Saint-Exupéry,**
— **Albert Camus?**
**Montrez l'influence de cette ‹image idéale› sur le comportement des personnages de ces auteurs.**

— André Gide (cf. texte 82) écrit en 1926 à propos des «Nourritures terrestres»; «J'écrivais ce livre à un moment où la littérature sentait furieusement le factice et le renfermé; où il me paraissait urgent de la faire à nouveau toucher terre et poser simplement sur le sol un pied nu» (Préface de l'édition de 1926). Ce programme précise aussi les rôles que l'auteur attribue aux personnages de ce livre de jeunesse: il s'agit de démontrer que l'homme n'accède à la plénitude de son existence que dans la mesure où il se libère de toute contrainte capable de frustrer ses instincts vitaux. Il faut donc procéder d'abord à un déracinement systématique («Je voudrais que ce livre t'eût donné le désir de sortir de n'importe où, de ta ville, de ta famille, de ta pensée») et cultiver, par la suite, la vertu de la disponibilité absolue. La «ferveur» des «Nourritures terrestres» cédera, dans l'œuvre postérieure, la place à une attitude ironique, expérimentale envers la vie, mais le refus de se fixer, de se tailler un caractère permanent à l'exemple de la tragédie classique, le refus aussi de se désolidariser de n'importe quelle possibilité existentielle, serait-elle criminelle, cette attitude continuera de dominer les parties les plus intéressantes de l'œuvre. Elle est par exemple illustrée par Michel (1909: «L'immoraliste»), Lafcadio (1914: «Les caves du Vatican»), et notamment par Edouard (1925: «Les faux-monnayeurs». Cf. texte 93) qui en fait un des postulats de base de son univers esthétique et moral: exhiber perpétuellement le même masque factice sous prétexte qu'il s'agisse d'un «caractère», c'est appauvrir soi-même et le monde déjà trop enlaidi par la présence de tous ces handicapés existentiels dont la perversion va jusqu'à se faire un point d'honneur de la mutilation volontaire qu'ils s'infligent.

Théoricien et critique littéraire, Gide est, bien sûr, sensible aux manifestations d'esprits apparentés. C'est ainsi qu'il salue Montaigne comme un des rares moralistes qui aient compris qu'une existence authentique se réfère plutôt au symbole de Prothée qu'à l'«impersonnalité» artificielle que les morales dogmatiques imposent à leurs adeptes dociles. «Une personnalité (je devrais dire: une «impersonnalité» facticement et laborieusement construite, et avec contention, selon la morale, la décence, la coutume et les préjugés, il n'est rien à quoi Montaigne répugne davantage». (1929: «Essai sur Montaigne»).

— François Mauriac (cf. texte 83), chrétien convaincu, considère l'homme modèle comme étant exposé aux attirances contraires du péché et de la grâce. Ce déchirement fait sa misère, mais aussi sa richesse: une âme qui ne serait qu'«en règle», chrétiennement parlant, et à l'abri de toute tentation, une autre qui ne serait qu'ignoble et satisfaite de l'être, ne dépasseraient, ni l'une ni l'autre, une indigence psychologique des plus stériles. La qualité humaine de l'existence est en proportion avec la tension intérieure que provoque le conflit entre la répulsion et la charité (1922: «Le baiser au lépreux»), la passion exclusive et l'équité (1923: «Génitrix»), la haine et le pardon (1927: «Thérèse Desqueyroux»), le cynisme endurci et l'appel de la grâce (1936: «Les anges noirs»).
Ce dernier conflit est aussi celui de Louis, le narrateur du roman «Le nœud de vipères» (1936. Cf. texte 83). Athée lucide, il met à l'épreuve la foi de sa femme pour en dégager le fond de pharisaïsme, procédé qui lui permet de mépriser tranquillement tout engagement religieux. Son égoïsme l'isole; cupide et sournois, il se fait détester par tous ceux qui l'entourent, mais, premier signe de la grâce, il garde un souvenir ému de sa fille Marie et de son neveu Luc, morts tous les deux. Contre toute attente, le décès de sa femme le touche profondément. Comprenant combien il est mesquin de rendre la haine par la haine, il fait la paix avec ses enfants qui ne guettent que sa disparition. Touché, in extremis, par la grâce divine, il mourra en chrétien.

— Antoine de Saint-Exupéry (cf. texte 84) contribue à créer le type du héros moderne qui, respectant une discipline rigoureuse, excelle moins par des exploits spectaculaires que par l'effort quotidien d'une lutte acharnée et souvent obscure au service du progrès. Le symbolisme naïf du «Petit prince» (1943), le symbolisme touffu de la «Citadelle» (ouvrage posthume publié en 1948) mis à part, les message de Saint-Exupéry est simple, touchant de sincérité. Aussi ses récits (1929: «Courrier sud»; 1931: «Vol de nuit»; 1942: «Pilote de guerre») et son grand essai (1939: «Terre des hommes») sont-ils moins des œuvres de fiction que des reportages, hautement stylisés, bien sûr, mais reposant sur un fond d'authenticité biographique. Les personnages centraux ne sont pas des aventuriers, mais de solides aviateurs professionnels, des techniciens épris de leur travail, soucieux de précision et d'efficacité, et qui assument le risque et la mort avec le sang-froid propre aux militaires de métier qui font leur devoir jusqu'au bout. Ceci est valable pour Jacques Bernis («Courrier sud») et Fabien («Vol de nuit»), victimes de leur métier, mais aussi pour Rivière («Vol de nuit») qui, pesant les valeurs opposées du bonheur individuel et de l'éthique du travail, se décide pour la continuation de son activité. Cette conception est illustrée aussi par l'auteur lui-même qui, en tant que «pilote de guerre», accepte, en 1940, une mission «sacrifiée» pour ne pas manquer au devoir, et par Guillaumet (cf. texte 84) qui considère son corps, à l'instar de son avion, comme un outil plutôt qu'une fin en soi («…jamais en avion je ne me suis senti accroché d'aussi près à mon moteur, que je ne me suis senti…suspendu à mon cœur… Mais c'était un cœur de bonne qualité! Il hésitait, puis repartait toujours…») et qui le sacrifie délibérément à cet idéal sans éclat, d'apparence presque bureaucratique, qu'est la responsabilité, synonyme discret pourtant de solidarité humaine.

— Albert Camus (cf. texte 86) résume sa position philosophique ainsi: «Je tire…de l'absurde trois conséquences qui sont ma révolte, ma liberté et ma passion. Par le seul jeu de la conscience, je transforme en règle de vie ce qui était invitation à la mort — et je refuse le suicide. («Le mythe de Sisyphe». Pléiade. «Essais». P. 145–146)
L'homme idéal, selon Camus, est donc celui qui transforme cette théorie en expérience vécue, et l'œuvre de l'écrivain est là pour illustrer les échecs et les réussites des projets existentiels qui se réfèrent à ce postulat de base.
L'absurdité est omniprésente dans un univers où les aspirations essentielles de l'homme, à savoir le désir de clarté et celui de vivre heureux, sont tenues en échec par le caractère irrationnel du monde. C'est l'expérience que fait Meursault (1942: «L'Etranger») qui, bien parti pour mener une vie authentique, libre de toutes les conventions mensongères, se trouve pris dans le rouage d'une justice inhumaine. Si Meursault, en s'attaquant à l'idéologie de l'aumônier, imposteur de bonne foi, ne fait qu'esquisser le geste de la révolte, celle-ci

est explicitée par l'essayiste du «Mythe de Sisyphe» (1942) et de l'«Homme révolté» (1951) et illustrée par le roman «La peste» (1947).

Rieux, le chroniqueur de la «Peste» et un des personnages principaux du roman, représente bien l'esprit de la révolte quand il déclare au Père Paneloux qui, lui, croit à la fonction providentielle de la souffrance: «Je me fais une autre idée de l'amour. Et je refuserai jusqu'à la mort d'aimer cette création où des enfants sont torturés» («Théâtre, Récits, Nouvelles». Pléiade. P. 1395). Sa lutte acharnée contre le mal est finalement inefficace, parce que «le bacille de la peste ne meurt ni ne disparaît jamais», mais, en défiant l'injustice fondamentale du monde, il se déclare solidaire de tous ceux qui en souffrent. Cela signifie aussi qu'il se désolidarise des dupeurs de métier ou de passion qui en profitent pour vendre, à leurs victimes parfois trop complaisantes, une idéologie du salut, terrestre ou éternel, qui, objectivement, ne repose sur rien. Mais il n'accepte pas non plus la résignation cynique des sceptiques lucides ni celle, désespérée, des suicidaires égocentriques. Leur «liberté», celle de la dérobade, n'est pas la sienne: l'homme n'est libre que dans la mesure où ses actes servent l'humanité. C'est cet engagement inconditionnel pour une cause perdue d'avance qui lui confère la «passion», le sentiment intense d'exister. «Sentir sa vie, sa révolte, sa liberté, et le plus possible, c'est vivre et le plus possible («Essais». Pléiade. P. 144).

## 5. Qu'est-ce que le ‹Renouveau catholique›?

Cf. texte 83: Littérature et civilisation.

## 6. Cf. 3.

## 7. Par quels arguments Malraux défend-il la position humaniste? (Texte 87)

L'«humanisme» que défend Malraux, n'a rien à voir avec les conceptions, «humanistes» elles aussi, de Humboldt, de Marx, de Sartre, du christianisme contemporain. Voici ses traits significatifs:
— Son intention centrale est de «faire l'homme» qui se distingue aussi bien de l'«individu» égocentrique, socialement stérile, que des «masses» incapables de se créer une personnalité;
— l'homme idéal n'est plus celui des «lumières»: aujourd'hui, l'esprit rationaliste et la foi optimiste dans le progrès ont échu en partage à ces civilisations néo-barbares que sont celles des Américains et des Soviétiques;
— exclusivement «européen», l'humanisme est caractérisé par la «volonté de conscience» et la «volonté de découverte»: l'interprétation lucide de la position acquise sert de base à l'exploration de l'inconnu. Ceci implique le «refus d'accepter comme un dogme une forme imposée». L'humanisme occidental est ouvert à toutes les révolutions, même à celles qui visent sa propre destruction;
— il est donc «tragique»: défiant un monde hostile muni de ressources bien supérieures à celles qu'il peut mobiliser lui-même pour se défendre, abandonné, peut-être agonisant, il doit sa survie provisoire à un continuel effort de volonté. Navigant, tel Christophe Colomb, dans des eaux inconnues, à la recherche d'un nouveau monde peut-être chimérique, il n'a finalement, pour se soutenir, que l'idée exaltante qu'il se fait de lui-même. Un découragement entraînerait la mort certaine et immédiate; mais même l'endurance intrépide ne lui procurera finalement qu'un précaire sursis.

L'humanisme de Malraux est héroïque et pessimiste, donc incapable de faire beaucoup de prosélytes. Championne des valeurs humaines menacées par l'idéologie du bonheur égoïste et celle du bonheur normé, son Europe n'a sans doute plus qu'une existence idéale dont, d'ailleurs, quelques intellectuels russes et américains se réclament aussi.

## 8. Montrez les points communs et les différences dans l'attitude devant la guerre de Montherlant et de Giraudoux.

Ce qui rapproche Philippe Dubardeau et ses camarades (Giraudoux) d'Alban de Bricoule (Montherlant), c'est qu'ils éprouvent, comme lui, temporairement du moins, la sensation enivrante de la libération dont la guerre semble vouloir leur faire don. La guerre, ce sont des vacances, et des vacances d'autant plus grandioses qu'elles arrivent inopinées et paraissent interminables. Il y a un autre point commun: ils entendent tous ne pas saboter leur service

national; soldats et convaincus d'avance que l'expérience de la guerre sera enrichissante, ils font leur devoir et plus que le devoir. Leur bonne volonté est hors de doute. Mais le parallèle s'arrête là.
Les camarades de Philippe Dubardeau sont sensibles au côté réaliste, sinon inhumain, de la guerre. Puisqu'on les maltraite, ils rouspètent, et ils accusent ceux qu'ils tiennent pour responsables de leurs misères, et non pas un vague «ennemi héréditaire», perpétuel bouc émissaire des orateurs chauvins. Ils n'entrent donc pas dans le cliché mensonger que Demokos («La guerre de Troie n'aura pas lieu»), Rebendard («Bella») et autres Poincaré (1860-1934) fabriquent pour des raisons de propagande.
A première vue, Alban de Bricoule, lui, semble s'en accommoder. Apparemment fasciné, tel Barrès, un des maîtres à penser de son auteur, par la «ligne bleue des Vosges», symbole de l'esprit nationaliste en deuil depuis 1871, il semble vouloir prendre à son compte la revanche nationale visée par les hommes politiques de l'époque. Ne se sent-il pas irrésistiblement, voire mystiquement attiré par la «ligne de feu»? N'aspire-t-il pas à l'«œuvre de sang», besogne classique du héros friand de cadavres ennemis?
Pourtant, s'il se distingue des braves poilus que décrit Dubardeau avec sympathie, il n'entre pas non plus dans la catégorie fictive des patriotes conformistes qu'exalte Rebendard-Poincaré. Pour Bricoule, le champ de bataille est le théâtre d'expériences personnelles qui ne visent que le perfectionnement d'une personnalité qui, jusque-là, en était frustrée. De là sa tendance à l'anarchie («Le temps des armes n'est pas celui des lois»), au déchaînement de tous les instincts, à la sauvagerie même.
Montherlant se distancera plus tard de Bricoule, un de ses masques autobiographiques pourtant, mais quelque peu caricatural par endroits. C'est un intellectuel béjaune affamé de «vie» qui, pour parfaire son éducation, abuse de la guerre: il la traverse «en songe» sans même se douter de sa réalité objective.

## 9. Par quels arguments Malraux défend-il la guerre révolutionnaire?

Cf. texte 90.

Les ennemis des fascistes n'ont pas tous les mêmes raisons pour soutenir la république menacée par les franquistes. Manuel, le communiste, Maguin, le gauchiste révolutionnaire, Hernandez, le catholique, les anarchistes et les syndicalistes espagnols, les socialistes, les libéraux, les Juifs, les aventuriers de la brigade internationale, tous suivent leurs convictions respectives, et nombreux sont ceux parmi eux qui, dans l'acharnement du combat, n'ont pas le temps ni, peut-être, le désir de méditer la leçon de relativisme qu'ils pourraient tirer d'une lutte commune soutenue par tant d'idéologies et tant de tempéraments différents.
Pourquoi s'engage-t-on dans une guerre révolutionnaire? Quelques personnages du roman se posent cette question de principe, en l'occurrence Scali, intellectuel italien, combattant volontaire, et Garcia, porte-parole de l'auteur.
Garcia est sensible au décalage tragique entre la théorie et la pratique du combat révolutionnaire («...nous sommes tous peuplés de cadavres, Scali; tout le long du chemin qui va de l'éthique à la politique»), mais il blâme l'attitude faussement idéaliste, en vérité abstentionniste de ceux qui, comme Unamuno et peut-être Scali, sacrifient la réalité à un rêve. Il ne peut pas être question de réinstaller le paradis, serait-ce celui des prolétaires, mais il est peut-être possible de troquer un mal insupportable contre un autre qui l'est moins, d'améliorer, par exemple, les «conditions de vie des paysans espagnols» en les exposant au risque d'une dictature. Il est vrai que l'argument de Scali contre la casuistique criminelle («C'est la porte ouverte à toutes les combines...») ne se réfute pas, et quiconque veut prouver que le remède est parfois pire que le mal, n'est pas à court d'exemples historiques et actuels. Seulement Garcia a raison aussi quand il dit qu'une éventuelle «pureté future» ne procure pas d'alibi à ceux qui, en l'invoquant, se résignent «à laisser faire les fascistes».
Qu'on s'engage, qu'on s'en abstienne, la mauvaise conscience est de rigueur, mais le révolutionnaire a la satisfaction de voir avancer sa cause, alors que le moraliste intransigeant reste toujours à la même distance de son idéal.

## 10. Pourquoi le colonialisme est-il pour Sartre un ‹génocide›?

Cf. texte 91.

«Le peuple algérien a livré en permanence, pendant plus d'un siècle, une lutte armée, morale et politique contre l'envahisseur et toutes ses formes d'oppression, après l'agression de 1830 contre l'Etat algérien et l'occupation du pays par les forces colonialistes françaises... La guerre d'extermination menée par l'impérialisme français s'intensifia et plus d'un million de martyrs payèrent de leur vie leur amour de la patrie et de la liberté».

(1963: Constitution de la république algérienne démocratique et populaire. Extrait du préambule.)

Ce texte officiel semble appuyer la thèse, reprise par Sartre, du «génocide» en tant qu'«extermination d'un groupe humain, national ou religieux» («DFC»). Si on compare la situation des Algériens à celle des Juifs européens au temps du troisième Reich, les différences sont cependant de poids. Sartre lui-même met l'accent sur le caractère économique, plutôt qu'idéologique, de l'opération. Une colonie qu'on veut exploiter, ne vaut pas seulement par ses richesses naturelles (qu'on pourrait, à l'instar des colonistes américains, s'approprier en chassant ou en tuant les indigènes), mais aussi par la quantité de la main-d'œuvre autochtone peu coûteuse et qui, en même temps, constitue la clientèle idéale de l'industrie et du commerce monopolistes métropolitains. Contrairement au génocide inconditionnel, dogmatique de type nazi, les massacres perpétrés par les régimes colonialistes ont donc un caractère fonctionnel: comme l'asservissement économique ne marche que par la répression et la terreur, les troupes coloniales recourent à des tueries sommaires ostentatoires. En qualifiant cette stratégie de génocide, Sartre procède en polémiste à une amplification sémantique de la notion: même si la nation colonisatrice ne peut, ou, pour des raisons d'opportunité, ne veut pas exterminer le peuple colonisé en entier, elle se rend coupable de génocide en le spoliant de son identité culturelle. Il y a «génocide culturel» si le gouvernement colonial s'applique à «liquider systématiquement les traits particuliers de la société indigène». En détruisant les structures juridiques et économiques établies, il entend créer un «sous-prolétariat» amorphe et facilement malléable. Telle, du moins, est la théorie. L'exemple de l'Algérie montre cependant que, de nos jours, elle n'est plus applicable, à moins que, corrigée et mise à jour, elle ne renaisse, idéologie plus subtile du «néo-colonialisme» économique, des troubles d'une «décolonisation» ratée.

## 11. Relevez les différences entre le roman traditionnel et le Nouveau roman. Expliquez pourquoi les auteurs du Nouveau roman sont à la recherche d'une nouvelle théorie et d'une nouvelle pratique romanesques.

Cf. le chapitre consacré au roman, notamment l'introduction et les textes 94, 95, 96.

Le roman traditionnel n'a pas de caractère fixe, loin de là. Certes, il y a le moule balzacien dont des générations d'écrivains se sont servis, mais l'exemple de Flaubert prouve que, dans l'évolution du même auteur, il peut se produire une opération esthétique révolutionnaire qui change de fond en comble les lois du genre: il y a un monde qui sépare «Madame Bovary» (1857) et «L'éducation sentimentale» (1869). Il en est de même pour le «Nouveau roman». Là où il se plie ostensiblement à une doctrine esthétique vite sclérosée, il dégage un indicible ennui qui ne frappe pas que les habitués des romans «d'action» populaires. Mais aujourd'hui, comme toujours, une puissante imagination créatrice peut triompher du cliché. Il suffit de suivre la chronique de Jacques Petit («Romanciers contemporains») dans la revue «Le français dans le monde» pour se rendre compte de la virtuosité technique avec laquelle les écrivains de nos jours assimilent et combinent les techniques «traditionnelles» et «nouvelles». L'esprit de chapelle, si jamais il y en a eu un, ne passe plus, mais le «Nouveau roman» n'est peut-être pas mort pour autant. En adaptant les procédés de Freud, Proust, Joyce et ceux des surréalistes à la sensibilité moderne traumatisée par une existence labyrinthique, anonyme, inexpressive, Samuel Beckett, Nathalie Sarraute, Claude Simon, Alain Robbe-Grillet, Michel Butor, Robert Pinget, Marguerite Duras, pour ne citer que les auteurs les plus connus du style «nouveau», dénoncent le caractère suranné sinon mensonger d'une convention littéraire qui défend
— la primauté de la raison sur l'imaginaire,
— la primauté de la conscience sur l'inconscient,
— le principe de la «personnalité» morale définissable,
— le principe de la «volonté» autonome,

- la validité de la mémoire,
- l'évidence et la cohérence de la réalité extérieure,
- l'adéquation du langage aux objets qu'il s'agit de désigner,
- la possibilité d'entrer en communication avec autrui.

Si l'on rejette ces postulats, il n'est que logique que de récuser aussi les éléments constitutifs du livre de fiction que sont
- le «personnage» en tant que type ou individu, défini par son «caractère» (ou par une passion dominante) et sa fonction sociale,
- l'«action» en tant que processus logique de faits et d'actes se déroulant dans une chronologie linéaire et objective, c'est-à-dire, extérieure aux personnages,
- l'intention idéologique ou morale qui constitue le «fond» de l'œuvre.

Le «Nouveau roman», en revanche, fait éclater ces trois unités:
- L'homme est réduit à l'expression phénoménologique d'une conscience faite et défaite à chaque instant. Incapable de dominer le monde extérieur dont les catégories de base comme le temps et l'espace lui échappent sans cesse, incapable aussi de se rendre maître de ses propres instincts, il n'est que le champ de bataille de forces inconnues qu'il cherche vainement à contrôler. Manquant de consistance et de profondeur, il est tenté ou bien de s'effacer derrière les objets (c'est l'option de Robbe-Grillet. Cf. texte 95) ou bien de se créer un petit monde dérisoirement subjectif peuplé de chimères dont il ne peut que soupçonner la réalité psychologique (c'est l'option de Sarraute. Cf. texte 94). «Aujourd'hui, un flot toujours grossissant nous inonde d'œuvres littéraires qui prétendent encore être des romans et où un être sans contours, indéfinissable, insaisissable et invisible, un «je» anonyme qui est tout et qui n'est rien et qui n'est le plus souvent qu'un reflet de l'auteur lui-même, a usurpé le rôle du héros principal et occupe la place d'honneur. Les personnages qui l'entourent, privés d'existence propre, ne sont plus que des visions, rêves, cauchemars, illusions, reflets, modalités ou dépendances de ce «je» tout-puissant».
(1956: Nathalie Sarraute, «L'ère du soupçon». Gallimard. Collection «Idées». P. 72)
- Intentionnellement déstructurée, l'action reproduit le chaos trivial de la vie. Elle ne suit aucun ordre et elle n'obéit à aucune signification imposée de l'extérieur. Sans commencement, sans progression, sans fin, c'est un mouvement indolent qui se suffit à lui-même dans l'instant où il se déploie. A la démarche piétinante, itérative correspond le temps dilaté, cet éternel présent que l'auteur, tout en procédant par retours en arrière, répétitions, anticipations, ébauches, variantes, même par contradictions, ne marque par aucun signe temporel qui permettrait de distinguer les scènes présentes des scènes remémorées ou imaginaires. La chronologie étant consciemment faussée, l'action s'enroule sur elle-même. Garante, dans le roman traditionnel, du «système de sécurité des Belles-Lettres», donc «mensonge manifesté» (1953: Roland Barthes, L'écriture du roman), elle n'a plus aucune importance objective dans une littérature qui s'apprête à démythifier les impostures jusqu'alors sacrosaintes d'une société qui croit ou qui fait semblant de croire au «sens» de la vie.
- «Dépositaire de l'épaisseur de l'existence» (ibid.), le «Nouveau roman» n'est porteur d'aucun «message» métaphysique ou idéologique. Sa signification, originale et irréductible, n'est que celle de son langage. Existant pour lui-même et en lui-même, indéfini et indéfinissable, il est pourtant ouvert aux interprétations subjectives de ses lecteurs. La lecture créatrice qu'il leur demande, ne saurait les induire en erreur, puisqu'un «fond» isolable n'existe pas. Chacun peut donc refaire à son propre compte l'œuvre en question, pourvu qu'il soit assez lucide pour ne pas court-circuiter le cycle infini de l'observation et de la réflexion qui constitue sa trame. Car, le «Nouveau roman» n'étant pas «engagé», ce serait pourtant erroné de croire qu'il est gratuit. C'est, au contraire, une rigoureuse entreprise de connaissance qui astreint ses lecteurs à un examen critique de la réalité.

«Nous sommes à chaque instant obligés de faire intervenir dans les récits une distinction entre le réel et l'imaginaire, frontière très poreuse, très instable, frontière qui recule constamment, car ce qu'hier nous prenions pour le réel, la «science» de nos grands-parents, ce qui semblait l'évidence même, nous le reconnaissons aujourd'hui comme imagination. Impossible de céder à l'illusion que cette frontière serait définitivement arrêtée. Chassez l'imaginaire, il revient au galop. Le seul moyen de dire la vérité, d'aller à la recherche de la vérité, c'est de confronter inlassablement, méthodiquement, ce que nous racontons d'habitude avec ce que nous voyons, entendons, avec les informations que nous recevons, c'est donc de ‹travailler› sur le récit.» (1964: Michel Butor, «Répertoire II». Editions de minuit. P. 88).

12. **Expliquez pourquoi Proust et Gide peuvent être regardés comme précurseurs du Nouveau roman.**

Unique dans son genre, l'œuvre monumentale de Proust (cf. texte 92) illustre une théorie du roman que les auteurs du «Nouveau roman» reprennent partiellement à leur compte.
— «A la recherche du temps perdu» est le premier grand roman sans intrigue. Il ne manque pas d'éléments dramatiques, mais l'auteur renonce délibérément à leur développement. Ce qui se passe, c'est que les personnages vieillissent, phénomène banal que Proust considère pourtant comme bien plus bouleversant que n'importe quel événement romanesque vieux style capable de brouiller la vérité générale de la vie.
— Les personnages paraissent, à première vue, bien définis par leur classe sociale, leur culture, leur activité professionnelle, par l'esprit du «clan» mondain dont ils font partie. Mais ces précisions sont trompeuses: leur réalité échappe d'autant plus infailliblement à l'examen de l'observateur que celui-ci s'applique à les fixer par une caractérisation complète. C'est qu'ils portent les masques du moment auxquels la technique de l'instantané ne donne qu'une stabilité factice. Le «caractère» n'est donc qu'une abstraction commode dont quelqu'un de lucide ne saurait être dupe, mais que, généralement, on feint de prendre au sérieux pour faciliter l'interaction sociale.
— L'émiettement de l'action, la désagrégation des caractères signalent l'opacité fondamentale du monde et l'inconsistance du moi qui le reflète. Soumise à l'effet destructeur du temps, la réalité se soustrait sans cesse aux investigations de l'observateur qui, lui-même, désespère de se redéfinir à chaque instant. Du coup, les images illusoires du réel se supplantent à la réalité du réel, et, à cet égard, la perception directe des choses n'est pas moins trompeuse que la «connaissance» qui s'appuie sur les mécanismes de la mémoire, du rêve, des hallucinations spontanées ou conditionnées, de l'autosuggestion. L'objet du roman n'est donc plus la réalité naïve des réalistes qui, eux, dotent d'une perspective totale, censée inattaquable, et qui est pourtant fallacieuse. La véritable matière du roman est l'opération qui consiste à dégager les conditions d'une approche qui, méthodique en principe, reste pourtant ouverte aux fulgurantes échappées vers la réalité que sont les expériences-clefs du genre de la «madeleine» (cf. texte 92).

Capter le réel sans donner dans le piège des catégories spécieuses telles que le temps objectif, l'espace mesurable, la personnalité, l'action raisonnable, voilà l'intention essentielle commune à l'auteur de la «Recherche» et à ceux du «Nouveau roman».

Dans les «Faux-Monnayeurs», Gide suit sensiblement la même voie quand il fait dire au romancier Edouard: «... le sujet du livre..., c'est précisément la lutte entre ce que lui [il s'agit de l'écrivain] offre la réalité et ce que, lui, prétend en faire» (cf. texte 93). Au contraire de Proust cependant, Gide se complaît dans le rôle du démiurge ironique, créateur d'un univers artificiel où tout est délibérément imaginaire, y compris l'existence de l'auteur lui-même:
«— Rien n'a pour moi d'existence, que poétique (et je rends à ce mot son plein sens) — à commencer par moi-même. Il me semble parfois que je n'existe pas vraiment, mais simplement que j'imagine que je suis. Ce à quoi je parviens le plus difficilement à croire, c'est à ma propre réalité. Je m'échappe sans cesse et ne comprends pas bien, lorsque je me regarde agir, que celui que je vois agir soit le même que celui qui regarde, et qui s'étonne, et doute qu'il puisse être acteur et contemplateur à la fois.» («Les Faux-Monnayeurs». Le Livre de Poche. P. 90)
Ce dédoublement des fonctions est systématisé dans une structure originale qui semble prolonger jusqu'à l'infini la perspective de la création artistique. Gide écrit «Les Faux-Monnayeurs» dont le héros, Edouard, compose un roman du même titre présentant le romancier Audibert, et si cette descente vertigineuse s'arrête là, ce n'est que provisoirement, par la nécessité technique de la composition. Plus ou moins lucides, les personnages se rendent plus ou moins compte de leur vie conditionnée. Il y a les esthètes relativistes qui en tirent le sentiment enivrant d'une disponibilité totale: Prothée moderne, Edouard esquisse et illustre le modèle d'une existence expérimentale et exploratrice, apte à exploiter toutes les possibilités de l'homme qui, ainsi, s'affranchit de toute tutelle idéologique. Il y a, d'autre part, les «faux-monnayeurs» qui, conscients du mensonge, font passer la fiction comme réalité, en écoulant par exemple une soi-disante morale, chrétienne ou anarchiste, qu'importe, mais fabriquée de toutes pièces et qui ne repose sur rien. Il y a, enfin, leurs victimes, les dupes, mais qui, en général, méritent leur sort parce qu'elles se servent complaisamment des fausses valeurs qu'on leur offre pour escamoter lâchement le vide de leur existence. Elles ont choisi une fois

pour toutes de croire à ce qu'on leur dit, et, en le répétant sans cesse, elles se font pénétrer par leur façade hypocrite qui, ainsi, finit par devenir «caractère».
Moins préoccupés, sans doute, de considérations moralistes, les auteurs du «Nouveau roman» ont retenu surtout la leçon de composition qu'on peut dégager des «Faux-Monnayeurs»; mais cette leçon serait gratuite si l'on perdait de vue le concept philosophique auquel elle se rapporte. Retenons notamment
— l'abandon de la chronologie linéaire,
— l'absence d'une intrigue centrale,
— l'abandon de la perspective unique et privilégiée du conteur «réaliste»,
— l'effort demandé au lecteur pour reconstituer la logique des événements déformée par le récit,
— la variation des modes du récit (rapport, analyse neutre, commentaire subjectif, style indirect, monologue intérieur).

## 13. Qu'est-ce que le ‹monologue intérieur›? Quel rôle joue-t-il dans le roman du XXe siècle?

Cf. texte 94: Le style et la composition.

Le «monologue intérieur» est la transcription de pensées, d'associations, de sentiments non extériorisés que le personnage littéraire est censé produire ou éprouver. Par l'emploi de la première personne, il se distingue du «style indirect» et du «style semi-direct» qui, eux, marquent encore la présence de l'auteur par l'utilisation de subordonnées introduites respectivement non introduites par des principales déclaratives ou interrogatives. Le style direct du monologue correspond, il est vrai, à un procédé indirect de l'expression: l'auteur s'efface derrière un être fictif qui entraîne le lecteur dans une suite plus ou moins incohérente d'images suggestives. Il en résulte une optique étonnamment intime de la réalité psychique et qui serait inaccessible à une approche plus «objective».
La perspective souveraine du conteur traditionnel, qu'il soit réaliste, idéaliste, fantaisiste, ne s'accorde plus avec la conception que les écrivains modernes ont de l'homme, de l'univers et de l'art. Ils ressentent profondément l'opacité du monde, l'impossibilité de vouloir dégager le «sens» de la vie, l'impossibilité aussi de représenter la réalité telle qu'elle est. Le cosmos structuré de la fiction épique éclate. Le roman découvre l'honnêteté intellectuelle du subjectivisme radical. En présentant le monde à travers la grille singulière qu'est le monologue intérieur d'un personnage, l'écrivain semble abdiquer toute volonté de synthèse réfléchie au profit d'une vision personnelle qui, au lieu de vouloir «comprendre» la réalité, la saisit dans sa totalité préconsciente. C'est ainsi que Marcel Proust (1913–28: «A la recherche du temps perdu»), James Joyce (1922: «Ulysses»; 1939: «Finnegans Wake»), William Faulkner (1929: «The Sound and the Fury»), Alfred Döblin (1930: «Berlin Alexanderplatz»), Virginia Woolf (1931: «The Waves»), Thomas Mann (1939: «Lotte in Weimar»), Hermann Broch (1945: «Der Tod des Vergil») se servent de ce procédé pour mettre en lumière la vie profonde du moi dans toute son inconsistance et son ambiguïté, pour dégager notamment ce «halo lumineux, l'enveloppe semi-transparente qui nous entoure au début de notre prise de conscience jusqu'à la fin» (V. Woolf). Il est vrai que les leitmotive obsessionnels qui jalonnent le courant de la conscience lui confèrent une sorte de structure morale: l'éternelle mouvance de l'existence est ainsi imprégnée par la marque d'une personnalité originale.

## 14. Qu'est-ce qui distingue le théâtre à thèse du Nouveau Théâtre?

«C'est l'erreur des théories telles que celles de l'art pour l'art que d'imaginer qu'un poème ou un tableau est une chose inhumaine qui se suffise à soi seul. C'est un objet fait par l'homme, pour l'homme... L'artiste ne saurait se désintéresser de la situation des hommes qui l'entourent. En autrui est engagée sa propre chair. Je lutterai donc pour que des hommes libres donnent à mes actes, à mes œuvres, leur place nécessaire.»
(Simone de Beauvoir: «Pyrrhus et Cinéas», 1944. Dans: «Pour une morale de l'ambiguïté». Gallimard. Collection «Idées». P. 356–357).
«L'écrivain ‹engagé› sait que la parole est action: il sait que dévoiler c'est changer et qu'on ne peut dévoiler qu'en projetant de changer. Il a abandonné le rêve impossible de faire une peinture impartiale de la Société et de la condition humaine... Sans doute l'écrivain engagé peut être médiocre, il peut même avoir conscience de l'être, mais comme on ne saurait écrire

sans le projet de réussir parfaitement, la modestie avec laquelle il envisage son œuvre ne doit pas le détourner de la construire comme si elle devait avoir le plus grand retentissement.» (Jean-Paul Sartre: «Qu'est-ce que la littérature?», 1948. Gallimard. Collection «Idées». P. 30.)

Ces deux prises de position reflètent assez fidèlement la théorie du «théâtre à thèse» dont Sartre est le représentant le plus influent (1946: Morts sans sépulture; 1948: Les mains sales; 1951: Le diable et le bon Dieu). Idéaliste, quoi qu'il en dise, l'écrivain engagé ne s'inspire pas de ce qui est, mais de ce qui devrait être. Sa pièce s'applique à démontrer une idée par l'action et l'évolution des personnages qui, eux, sont des exemplaires plus ou moins abstraits d'une espèce morale plutôt qu'individuellement particularisés. Cela ne veut pas dire qu'ils n'ont qu'une existence symbolique. Mais comme ils représentent des aspects généraux de l'homme, force leur est de montrer des traits communs à beaucoup d'individus. Ceci est notamment valable pour le «héros» qui, porteur d'un message humanitaire, a besoin de la sympathie collective des spectateurs pour faire oublier l'écart qui pourrait exister entre son idéal et la réalité de la vie. La «thèse» qu'il s'agit de défendre, se dégage exemplairement des conflits entre individus, des conflits entre l'individu et la société, ou aussi des contradictions de l'homme avec lui-même, de la société avec elle-même. Ces conflits font ressortir des valeurs absolues telles que la liberté ou la justice, idéaux dont la réalisation se heurte à la réalité politique et sociale établie. Il faut donc la changer, et les spectateurs sont appelés à le faire.
Le projet est généreux mais, bien sûr, irréalisable, et le «théâtre à thèse» dont l'échec idéologique, aujourd'hui, ne fait plus de doute à personne, n'a finalement prouvé qu'une seule thèse: la littérature est impuissante à changer la vie.

Pour Ionesco, les principes mêmes du «théâtre à thèse» sont mensongers: «...un auteur à thèse est un faussaire. Il mène ses personnages, par exemple, vers un but déterminé, il leur impose une direction, il sait à l'avance ce qu'ils doivent être, il aliène la liberté de ses propres personnages et de sa propre création. Son art n'est plus une exploration puisqu'il est tributaire d'un domaine déjà exploité; ses créatures ne sont que des marionnettes, il n'y aura plus de révélations dans ce qu'il fait, mais simplement illustration, exemplification. Tout est donné dès le départ. L'auteur à thèse ne peut plus être un auteur de bonne foi, il n'est plus sincère.» (Eugène Ionesco: «L'auteur et ses problèmes», 1962. Dans: «Notes et contre-notes». Gallimard. Collection «Idées». P. 40.)
Représentant du «Nouveau Théâtre», Ionesco rejette, au nom de la liberté, de la sincérité, de la spontanéité, la logique censée artificielle et il se joue des conventions théâtrales que sont le lieu, le temps, l'action, le personnage et le langage. Il est vrai que, dans un sens absolu, ces catégories sont indispensables à toute dramaturgie, conventionnelle ou absurdiste, mais le «Nouveau théâtre» les bafoue dans la mesure où elles supposent le respect de la cohérence. Ces refus sont partagés par le «Nouveau roman», mais le romancier ne dispose pas de ce moyen idéal qu'est la scène pour rendre visible, audible, palpable une réalité jusqu'alors inimaginable. La scène devient le tableau de la condition humaine dans un monde incompréhensible. Les personnages dont la fonction sociale et l'habitus psychologique restent indéfinis et qui sont impliqués dans une action absurde, semblent se rendre compte de l'instabilité de leur existence. De là l'impression de vide, l'angoisse, la tentation de la catastrophe, serait-elle burlesque, la confusion des sentiments et le désordre inextricable des objets. De là, surtout, l'urgence et l'impossibilité de la communication, le langage mécanique, symptôme de la pensée sclérosée, les mots débités dans des monologues démentiels et qui ratent comme des cartouches vides, l'utilisation des clichés les plus éculés et les moins adaptés à la situation, l'automatisme du malentendu programmé et inévitable puisqu'il y a perte absolue de la mémoire et des repères spatiaux et temporels les plus élémentaires.
Il va de soi que les notions de tragique et de comique perdent ainsi leur sens, que les rôles n'ont pas la moindre consistance, qu'il serait dérisoire, de la part du spectateur, de vouloir s'identifier, en vue d'un quelconque «engagement», avec un de ces masques grotesques.
Ajoutons que «Rhinocéros» (cf. texte 98) n'est pas typique du genre. Les personnages sont solidement campés; ils se débattent dans de vraies relations humaines; il y a une action continue; le tragique est palpable; la sentimentalité ne fait pas défaut; l'arrière-plan politique et social est tracé avec précision. N'empêche que le Ionesco qui a fait date, n'est pas celui de «Rhinocéros» (1960), c'est plutôt l'auteur de cette «anti-pièce» et de ce «drame comique» célèbres qui s'appellent respectivement «La cantatrice chauve» (1950) et «La leçon» (1951;

cf. texte 20) et dont la verve et la truculence égalent les meilleures réalisations des autres représentants du genre tels que Arthur Adamov (1950: «La grande et la petite manœuvre»), Samuel Beckett (1952: «En attendant Godot»; cf. texte 99), Jean Genet (1959: «Les nègres»).

## 15. Décrivez et expliquez les conceptions du ‹bonheur› de Créon et d'Antigone.
Cf. texte 97.

Intellectuel de formation et de goût, Créon s'est transformé en technicien du pouvoir. C'est donc un «réaliste» contraint de faire des compromis ou bien alors un «cuisinier» comme Antigone, méprisante, le désigne. Il a la morale de son métier, c'est-à-dire, il est capable et de cynisme et de générosité. Le «bonheur» qu'il propose à Antigone, relève par conséquent du compromis, voire de la résignation: «...la vie, c'est un livre qu'on aime, c'est un enfant qui joue à vos pieds, un outil qu'on tient bien dans sa main, un banc pour se reposer le soir devant sa maison. Tu vas me mépriser encore, mais de découvrir cela, tu verras, c'est la consolation dérisoire de vieillir, la vie, ce n'est peut-être tout de même que le bonheur.» (Edition scolaire Velhagen & Klasing. P. 60–61.)
C'est une conception qui se défend et qui, à première vue, n'a rien de méprisable. Pourtant Créon qui connaît l'intransigeance de son antagoniste, semble convaincu d'avance de l'inefficacité de ce qu'il pourrait lui opposer («Un pauvre mot, hein?»), et Antigone exploite à fond son avantage. Pour elle, le «bonheur» à la Créon n'est que pauvreté, il est synonyme d'injustice, d'hypocrisie, de lâcheté, de mesquinerie, de dérobade. C'est une petite chose d'une valeur douteuse, tout à fait relative, un «lambeau», un «os» qu'on s'arrache égoïstement, un privilège sordide qui n'est possible que par le malheur d'autrui.
Pour contre-attaquer, Créon ne manque pas d'armes. L'idéal d'Antigone, son exigence absolue de liberté, de vérité, de pureté n'est pas seulement irréalisable, il est tout aussi inimaginable que la transformation soudaine de la terre des hommes en paradis. Elle a beau lui sacrifier jusqu'à la vie (pour ne pas parler du précaire «bonheur» en famille qu'elle esquisse ailleurs), elle ne le rend pas plus concret pour autant. Aussi est-elle toute négation: «Moi, je ne veux pas comprendre» (ibid. p. 19) – «Je ne veux pas avoir raison» (ibid. p. 20) – «Oui, c'est absurde» (ibid. p. 48) – «Je suis là pour vous dire non et pour mourir» (ibid. p. 54). Un idéalisme aussi rigoureux se rapproche dangereusement du nihilisme. Vouloir y accéder à tout prix, c'est déclencher la catastrophe. Mais Antigone y aspire-t-elle seulement? Ou est-ce qu'elle prétexte le bonheur absolu, donc impossible («Moi, je veux tout, tout de suite, – et que ce soit entier – ou alors je refuse!» Ibid. p. 62–63) pour pouvoir se livrer à ses instincts destructeurs et auto-destructeurs? En la rapprochant de son père, Créon entreprend de la démasquer: «L'orgueil d'Œdipe. Tu es l'orgueil d'Œdipe. Oui, maintenant que je l'ai retrouvé au fond de tes yeux, je te crois. Tu as dû penser que je te ferais mourir. Et cela te paraissait un dénouement tout naturel pour toi, orgueilleuse! Pour ton père non plus – je ne dis pas le bonheur, il n'en était pas question – le malheur humain, c'était trop peu. L'humain vous gêne aux entournures dans la famille. Il vous faut un tête-à-tête avec le destin et la mort.» (Ibid. p. 45.)
Antigone est-elle la flamme pure, prophétesse et martyre de son idéal, ou bien une «petite furie» (ibid. p. 49) bêtement obstinée? Créon est-il l'homme raisonnable, le régent conscient de sa responsabilité pour un pays menacé par le chaos, ou bien le «cuisinier» (ibid. p. 64) corrompu, le tyran qui s'accroche au pouvoir et qui ne recule devant aucun crime quand il est question de le stabiliser? Le «bonheur» d'Antigone est-il vertu ou folie? Celui de Créon est-il bon sens ou hypocrisie? Anouilh se garde bien de trancher le conflit. L'ambiguïté du problème semble conférer une éternelle jeunesse à sa pièce.

## 16. Quelle est la signification politique et sociale de la ‹rhinocérite›?
Cf. texte 98: Introduction.

## 17. Montrez le caractère métaphysique de «En attendant Godot».
Cf. texte 99.

S'il y a un message de portée «métaphysique» dans la pièce, c'est peut-être justement la manifestation de l'absurdité de la métaphysique. Beckett est athée et, en plus, ennemi de toute construction conceptuelle qui consisterait à donner une signification ou même un «sens» à la vie humaine. Aussi a-t-il constamment refusé d'«expliquer» son œuvre. A l'en croire, Vladimir, Estragon, Pozzo, Lucky ne sont pas des personnages symboliques, la soi-

disante action ne dépasse pas sa dimension chorégraphique, et les mises en scène que l'auteur signe lui-même (cf. par exemple celle du Schiller-Theater de Berlin en 1975: Walter D. Asmus, Beckett inszeniert «Warten auf Godot». In: «Spectaculum 23». Frankfurt 1975. P. 299–305) mettent en valeur, plutôt qu'une quelconque «transcendance», le contraste phénoménologique entre la spontanéité et le mécanisme conditionné du jeu des acteurs.
Il est donc oisif de se demander qui est «Godot». L'équation simpliste que suggère ce nom (Godot égale Dieu), ne sert peut-être qu'à duper les éternels chercheurs de formules magiques qui ne font que court-circuiter la réflexion analytique constante que la pièce exige. Le masque ironique sous lequel l'auteur présente Godot (il ajourne ses rendez-vous, il bat un petit garçon, il ne fait rien du tout, il porte une barbe qui est peut-être blanche) semble souligner la futilité de ce personnage fictif dont l'éventuelle «essence» n'ajoute rien à l'intérêt de la pièce. Ce qui compte, c'est le phénomène de l'attente et non pas son objet. Si la condition des personnages est tragique, c'est que l'existence est atroce en soi et tout simplement insupportable. Le dénuement physique, la misère morale, l'indigence affective, l'incommunicabilité sont poussés à un point que le suicide paraît nullement moins désirable que le miracle qu'on fait semblant d'attendre. Mais même le suicide échoue lamentablement; Beckett en tire un effet burlesque dont l'impression est prolongée par le rideau qui tombe. Et voilà qui distingue l'univers de Beckett de celui de Kafka, inexplicable, cruel, absurde lui aussi, mais figé dans l'expression unicolore du désespoir. Beckett, au contraire, accentue et fait éclater en même temps l'horreur de la condition humaine en la transformant en caricature. Les personnages sont des clowns noirs qui produisent des effets de cirque irrésistibles par leur drôlerie et qui poussent le comique de mots jusqu'au délire. Ils n'attendent peut-être plus rien que le néant, mais ils meublent cette attente en se «divertissant» au sens pascalien du terme. Anouilh dit à ce propos: «‹En attendant Godot› est un sketch des ‹Pensées› de Pascal traité par les Fratellini».

## II. Connaissance du vocabulaire

**Expliquez le sens des mots et expressions suivants. Montrez que quelques-uns de ces mots ont pris dans le contexte un sens nouveau et se sont imposés même comme mots d'ordre dans le débat philosophique et idéologique du XXe siècle.**

**la ferveur** (texte 82): Le terme signifie primitivement une «ardeur vive et recueillie des sentiments religieux» («Petit Robert»). Gide lui donne, dans les «Nourritures terrestres», un sens sécularisé: «Elan d'un cœur qui se livre avec enthousiasme» (ibid.), et c'est cette acception que les idéologies du siècle ont retenue pour désigner le degré souhaitable de l'engagement affectif de leurs adhérents. Quelque peu dévalorisée par un emploi démagogique courant, la formule a perdu entre temps beaucoup de son intensité originale.

**la tentation chrétienne** (texte 83): «La tentation chrétienne me tourmente». Employée par Louis, le narrateur du «Nœud de vipères», l'expression frappe par son caractère paradoxal. «Tentation» désigne couramment un «attrait vers une chose défendue» («DFC»), alors qu'ici la foi chrétienne qui repose pourtant sur le discernement moral du bien d'avec le mal, inspire elle-même la tentation. Pour Louis, il s'agit de se départir de son athéisme invétéré pour retrouver une foi nouvelle en Dieu. D'une façon plus générale, la formule signale une tendance répandue parmi de nombreux intellectuels modernes et articulée par le «renouveau catholique»: comme la raison se révèle incapable de résoudre les problèmes existentiels, l'homme se dispose à suivre l'appel spirituel et mystique de la grâce.

**le toréador** (texte 84): D'origine espagnole, le mot ne s'emploie plus dans cette langue. En France, son sens recouvre celui des mots espagnols «torero» et «matador». C'est donc l'homme qui combat le taureau dans l'arène. Dans la typologie de Saint-Exupéry, le terme, pris dans un sens symbolique, s'oppose, lui-même péjoratif, au «joueur», péjoratif aussi, d'une part, et à l'«homme qui se sent responsable», expression positive, d'autre part. Le «toréador» est courageux, il risque sa vie, il le fait même systématiquement, non pas pour se divertir, comme le «joueur», ni par esprit de responsabilité, comme le héros de Saint-Exupéry, mais par amour de l'argent et, à la rigueur, de la gloire. C'est le type de l'éternel gladiateur, du lansquenet, du mercenaire qui a une conscience professionnelle, mais dont la conscience sociale est sous-développée.

**bêcher** (texte 84): «Bêcher», c'est travailler avec la bêche, outil de jardinage pourvu d'une lame plate et tranchante pour retourner la terre. En commentant la mort du jardinier («Il laissait une terre en friche. Il laissait une planète en friche»), Saint-Exupéry indique le sens figuré du terme: «bêcher» signifie le travail pénible, incessant, mais aussi nécessaire et, par là, satisfaisant et même libérateur de l'homme qui lutte, «au nom de la Création, contre la mort.»

**athée** (subst. et adj.) (texte 85): Etre «athée» signifie ne pas croire à l'existence de Dieu. La non-existence de Dieu est un des principes de base de la philosophie de Sartre, l'«existentialisme athée», mais l'athéisme est caractéristique aussi d'autres courants philosophiques et idéologiques puissants tels que le positivisme et le matérialisme marxiste dont, selon Sartre, l'existentialisme est une enclave. L'exigeante morale athée de Sartre (l'homme est «condamné à être libre») est préfigurée dans l'«éthique matérielle des valeurs» (Max Scheler, Nicolai Hartmann) qui constate l'incompatibilité de la providence divine, donc de l'existence de Dieu, avec le libre arbitre.

**l'existence; l'essence** (texte 85): Pour les définitions voir «Le vocabulaire et les expressions». Pour l'analyse de la formule «L'existence précède l'essence» voir «Exercices de compréhension et de contrôle» I 3 et I 6. Cette expression concise et frappante est devenue un des slogans idéologiques les plus célèbres, mais aussi les plus rebattus du siècle.

**le concept** (texte 85): Ce terme philosophique désigne l'idée, l'abstraction d'un objet, d'un être ou d'une représentation intellectuelle par rapport à sa réalisation. C'est ainsi qu'on oppose le concept d'un mot à son signifié. Sur le plan métaphysique, le «concept» reprend l'«idée» platonique qui conçoit a priori le caractère significatif d'un être. Sartre, lui, rejette cette conception de même que celles, analogues, de la doctrine chrétienne et du rationalisme qui défendent tous les deux le concept d'une «essence» humaine générale que l'«existence» individuelle pourrait tout au plus vérifier ou, dans le cas d'un échec, falsifier, mais pas remettre radicalement en question. C'est justement ce que Sartre fait au nom de la liberté de l'homme.

**le fléau** (texte 86): Au sens propre, le mot désigne un «instrument qui servait à battre le blé, formé d'un manche et d'un battoir en bois, reliés l'un à l'autre par des courroies» («Petit Larousse»), mais aussi une «ancienne arme de guerre d'une forme analogue» (ibid.). Le terme n'est plus guère employé qu'au sens figuré: il s'agit alors d'un grand malheur, d'une calamité publique comme par exemple la peste. Dans le roman de Camus, le terme subit la même symbolisation que l'épidémie qu'il désigne: la peste est l'allégorie de ce fléau spirituel qu'est le totalitarisme inhumain.

**l'alternance** (texte 88): Par «alternance», on entend une «succession répétée, dans l'espace ou dans le temps, qui fait réapparaître, tour à tour, dans un ordre régulier, les éléments d'une série» («Petit Robert»). Montherlant se sert du terme pour caractériser la pensée et le comportement du type humain dont les héros de ses romans et de ses pièces sont les représentants les plus purs. Ce sont des relativistes sceptiques qui, conscients de l'équivalence sinon de la nullité de toutes les valeurs proclamées objectives par les idéologies respectives, prennent le parti de les défendre l'une après l'autre, puis de les sacrifier, ceci pour manifester une disponibilité totale, seule attitude digne de l'homme intelligent. Traités péjorativement d'«aventuriers» par Sartre, de «joueurs» par Saint-Exupéry, ces «chevaliers du Néant» (Montherlant) refusent donc un «engagement» bêtifiant pour libérer successivement toutes les parcelles de leur nature complexe.

**le Front populaire** (texte 90): Pour la distinction du «frente popular» espagnol et du «front populaire» français, voir «Le vocabulaire et les expressions». En France où, pendant des décennies, la gauche, frustrée du pouvoir, a soutenu le souvenir nostalgique sinon le mythe du «front populaire», garant de la révolution sociale, l'union de la gauche sous la V$^e$ République (P.C.; P.S.; radicaux de gauche) et la courte défaite de son candidat, Mitterrand, lors des présidentielles de 1974, ont fait renaître l'espoir de pouvoir refaire l'expérience de 1936.

**la madeleine** (texte 92): La «madeleine» est une sorte de petit gâteau sucré à pâte molle, de forme arrondie, qui doit son nom à une certaine Madeleine Paulmier, cuisinière, qui l'aurait «inventée». Pour Proust ou, plus précisément, pour le narrateur du roman «A la recherche du temps perdu», elle fait revivre, par une opération fulgurante de la mémoire subconsciente, le monde de l'enfance enfoui jusqu'alors. Cet objet banal dispose donc d'une force évocatrice magique. Il est même capable de tenir en échec la décomposition que le temps fait subir aux choses et aux êtres, pourvu toutefois que l'association fugitive soit ancrée, par le travail patient et lucide de l'artiste, dans un système de repères spatio-temporels et psychologiques. Comme le «quart d'heure de Rabelais» et le «violon d'Ingres», la «madeleine de Proust» fait partie aujourd'hui de l'arsenal des clichés courants dont on se sert sans trop faire état des connotations intimes de la formule.

**le subconscient** (Cf. «Les contradictions de la poésie»: Introduction, et «Littérature et civilisation»: Le surréalisme)
Le subconscient est la «zone de faits psychiques dont le sujet n'a que faiblement conscience, mais qui influent sur l'ensemble de son comportement» («DFC»).
S'inspirant des exemples de Nerval, de Rimbaud, de Lautréamont, d'Apollinaire, et surtout de la méthode psychanalytique (quoique nullement préoccupés, comme Freud, de son effet thérapeutique), les surréalistes se proposent de sonder le subconscient, domaine, paraît-il, d'une totalité humaine intacte avant le déchiquetage que lui impose la civilisation régie par une logique bornée. L'exploration se fait par l'analyse des rêves, des associations spontanées, des produits de l'«écriture automatique». Les systématisations sont cependant peu concluantes. Restent les trouvailles surprenantes de l'imagerie poétique qui continuent de faire le charme du lyrisme moderne.

**la sous-conversation** (texte 94): Pour Nathalie Sarraute, la «sous-conversation» est à la «conversation» ce que sont les masses enfouies de l'iceberg à ce qui dépasse la surface: la partie essentielle de la réalité. Il s'agit donc de prendre conscience de ce «foisonnement innombrable de sensations, d'images, de sentiments, de souvenirs, d'impulsions, de petits actes larvés qu'aucun langage intérieur n'exprime, qui se bousculent aux portes de la conscience, s'assemblent en groupes compacts et surgissent tout à coup, se défont aussitôt, se combinent autrement et réapparaissent sous une nouvelle forme, tandis que continue à se dérouler en nous, pareil au ruban qui s'échappe en crépitant de la fente d'un téléscripteur, le flot ininterrompu des mots.» (Nathalie Sarraute, «Conversation et sous-conversation». N.N.R.F. Janv.–Févr. 1956. Dans: «L'ère du soupçon». Gallimard. Collection «Idées». P. 115).
Disciple et critique en même temps des romanciers behavioristes et de Proust, dont elle combine les procédés, Nathalie Sarraute recourt à la «sous-conversation» pour «apporter aux lecteurs ce qu'ils sont en droit d'attendre du romancier: un accroissement de leur expérience non pas en étendue (cela leur est donné à meilleur compte et de façon plus efficace par le document et le reportage), mais en profondeur.» (Ibid. p. 134–135)
Certes, après Joyce, l'intention et la technique ne sont plus révolutionnaires, mais l'apport original des romans de Nathalie Sarraute est la création d'une transparence, voire d'une transfiguration de la banalité inégalée jusqu'alors sur le plan littéraire.

**la balustrade** (texte 95): Une «balustrade» est une rangée de piliers façonnés et unis par une tablette. Pour Robbe-Grillet, elle est, comme la «jalousie», un de ces mesureurs objectifs qui permettent de quadriller le champ de vision sans qu'aucune expressivité affective ou poétique ne vienne troubler sa représentation. L'«école du regard» neutralise ainsi les objets; ils y apparaissent comme des surfaces géométriquement réductibles. La «terre du jardin, fragmentée en tranches verticales par la balustrade, puis en tranches horizontales par les jalousies», ne se prête à aucune projection subjective marquant un goût, un désir, un approfondissement symbolique de l'impression. Tout en surface, les objets sont littéralement insignifiants, c'est-à-dire, dénués de toute signification humaine capable d'«intéresser» le lecteur au sens conventionnel du terme.

**la loi de la jungle** (texte 98): Au sens propre, la «jungle» est, «dans les pays de mousson très arrosés, (une) forme de savane très épaisse et exubérante, où les hautes herbes se mêlent en un fouillis verdoyant à des fougères, des bambous, des palmiers» («Petit Larousse»). Au sens figuré, le terme désigne une «société humaine où règne seulement la loi du plus fort» («DFC»). La «loi de la jungle» est donc la «loi des fauves, de la sélection naturelle» («Petit Robert»).
En l'occurrence (cf. la pièce et la nouvelle de Ionesco), c'est Jean qui la défend. Petit bourgeois insignifiant, quelque peu irascible, mais on ne peut plus anodin, il n'a apparemment qu'une seule disposition à la «rhinocérite», à savoir un racisme latent. Mais l'épidémie galopante du fascisme en aura facilement raison: c'est paradoxalement l'esprit grégaire qui est le plus vite fasciné par la morale des fauves, peut-être par admiration béate d'une forme de vie normalement inaccessible ou tout simplement par bêtise suicidaire.